Im Würgegriff der

Klima-Agenda

Die CO$_2$-Lüge – Wie Angst zur Herrschaft führt

Im Würgegriff der Klima-Agenda

Die CO$_2$-Lüge – Wie Angst zur Herrschaft führt

Jörns Bühner

© 2025 Jörns Bühner
Verlag: BoD · Books on Demand GmbH, Überseering 33,
22297 Hamburg, bod@bod.de
Druck: Libri Plureos GmbH, Friedensallee 273,
22763 Hamburg
ISBN: 978-3-7693-5179-8

Dieses Buch habe ich

für all diejenigen Menschen geschrieben, die für sich selbst bereits festgestellt haben, dass vieles zum Thema Klimawandel in der Öffentlichkeit nicht so ganz mit rechten Dingen zugehen kann.

Also, für alle diejenigen, die ein ungutes Gefühl im Bauch entwickeln, wenn immer wieder neue Einschränkungen, Kontrollen und Verbote kommen, um den vermeintlich menschengemachten Klimawandel zu bekämpfen.

Wenn DU auch für dich immer wieder Fragen hast, warum und wie, das eine mit dem anderen zu tun hat, warum so viele Dinge mit Angst und Druck in die Welt getragen werden.

Wenn immer mehr dieser Dinge sich einfach nicht mehr nachvollziehen lassen, dann kann dieses Buch jetzt sehr deutliche Antworten und Erklärungen geben.

Es kann aber natürlich in jedem Fall auch Mut machen und Wege zum so wichtigen Widerstand und Ausweg aufzeigen.

„Mehr Inhalte, Aufklärungen & Hintergründe zu wichtigen Themen der Selbstbestimmung und Freiheit auf meinem Telegram-Kanal:

t.me/freiheiterschaffen"

Man kann das Klima nicht schützen

Reinhold Messmer

Inhaltsverzeichnis

Vorwort

Dieses Buch ist die Folge einer tiefen inneren Unruhe, die mich in den letzten Jahren immer stärker begleitet hat. Es ist insbesondere auch geschrieben aus Sorge um unsere Freiheit. Und hier vor allem um die Freiheit unserer Kinder, Kindeskinder und generell um den Zustand unserer Gesellschaft. Und letztlich um das, was uns als Menschen ausmacht: nämlich unsere Fähigkeit, selbst zu denken, zu hinterfragen und eigenständig Entscheidungen zu treffen.

Die Idee zu diesem Buch, ganz speziell zum Thema Klimawandel, entstand direkt nach Beendigung meines ersten Buches „Der Angriff auf unsere Zukunft", welches sich schon mit dem Großen und Ganzen beschäftigt hat. Und zwar mit den vielen drohenden ideologischen Agenden, welche die Zukunft von uns allen bedroht.

Nun, in diesem Buch hier, geht es jedoch ganz bewusst und sehr gezielt nur um das Thema Klimawandel. Denn das Thema wird uns wahrscheinlich die nächsten Jahre oder schlimmstenfalls gar Jahrzehnte beschäftigen. Und damit schließt dieses Buch direkt an mein vorheriges an.

Ich möchte Sie, liebe Leserin und Leser, zum Aufwachen bringen und zum Hinterfragen ermutigen. Denn nach Corona ist jetzt direkt Klima unsere nächste ganz große Herausforderung. Nicht weil das Klima uns bedroht, sondern das, was uns versucht wird uns daraus zu konstruieren. Die Corona-Plandemie war ein erster Wendepunkt.

Plötzlich stand nicht mehr die Selbstbestimmung des Einzelnen im Mittelpunkt, sondern Gehorsam und Kontrolle. Es wurde nicht mehr diskutiert, sondern befohlen. Wissenschaft wurde politisch, Kritik wurde gefährlich, und Grundrechte wurden zur Verhandlungsmasse.

Kaum hatte sich der Nebel der Pandemie etwas gelichtet, trat ein neues, noch umfassenderes Thema in den Vordergrund: die sogenannte Klimakrise. Und wieder begegneten uns dieselben Muster: Panikmache, Alternativlosigkeit, Schuldzuweisung, Polarisierung. Wer nicht mitmacht, wird ausgegrenzt. Wer Fragen stellt, wird diffamiert.

Wieder wird die Angst zur Triebfeder gesellschaftlicher Transformationen, wieder geraten Grundrechte unter Druck – und wieder geschieht alles im Namen einer angeblich höheren Moral.

Dabei geht es in diesem Buch nicht darum, den Klimawandel pauschal zu leugnen oder ökologische Probleme zu verharmlosen. Es geht vielmehr um die Art und Weise, wie das Thema „Klima" politisch, ideologisch und medial aufgeladen und instrumentalisiert wird.

Es geht um eine Entwicklung, in der sich ein wissenschaftliches Thema in eine politische Religion

14

verwandelt hat – mit Dogmen, Sündern und einer vermeintlich rettenden Erlöserklasse.

Klimawandel findet definitiv statt, seit Millionen von Jahren, menschengemacht ist er allerdings nicht. Vor 542 Millionen Jahren herrschte im Erdaltertum (Paläozoikum) über eine sehr lange Zeit ein deutlich wärmeres Klima als heute. Grund für die hohen Temperaturen war ein hoher atmosphärischer Gehalt des Treibhausgases CO_2, dessen Konzentration damals mindestens drei Mal höher lag als heute.

Das Klima der Erde hat sich im Laufe der Geschichte permanent verändert. Allein in den letzten 800.000 Jahren gab es acht Zyklen von Eiszeiten und wärmeren Perioden. Ich schreibe dieses Buch nicht als Experte für Meteorologie, sondern als aufmerksamer Zeitgenosse, der Entwicklungen hinterfragt, Widersprüche benennt und den Mut hat, unbequeme Dinge auszusprechen.

Ich schreibe für Menschen, die spüren, dass etwas nicht stimmt, aber sich im Dschungel aus Meinung, Moral und medialem Dauerfeuer nicht mehr zurechtfinden.

Ich schreibe für Leserinnen und Leser, die sich nach Klarheit sehnen – nicht nach einfachen Antworten, aber nach ehrlichen Fragen.

Dieses Buch will aufklären, aber nicht belehren. Es will aufrütteln, aber nicht entmutigen. Es ist ein Versuch, den Schleier der Klima Ideologie zu lüften und den Blick wieder freizugeben auf das, was wirklich zählt: den Menschen, seine Freiheit, seine Verantwortung.

Wenn wir weiterhin zulassen, dass Angst zur politischen Währung wird, dass komplexe Themen durch moralische Erpressung ersetzt werden und dass unsere Gesellschaften durch künstlich geschürte Krisen in einen Zustand permanenter Panik versetzt werden, dann verlieren wir das, was uns ausmacht. Dann verlieren wir nicht nur unsere Freiheit – wir verlieren uns selbst.

Die Kapitel meines Buches sollen nicht nur einfach kritisieren, sondern gleichzeitig auch Orientierung geben. Sie folgen einem roten Faden: dem Verständnis, wie Lügen und Ideologie entstehen, wie sie sich durchsetzt und wie wir uns ihr aber auch entziehen können.

Am Ende steht also kein apokalyptisches Fazit, sondern die Einladung zu einem neuen Denken – einem Denken, das nicht von Angst, sondern von Aufklärung getragen wird. Und so lade ich Sie jetzt ein, mit mir auf diese kleine Reise zu gehen. Es wird aufklärend, vielleicht auch etwas unbequem, es wird streitbar, aber es wird ehrlich.

In jedem Fall ist es dringend notwendig, sich den Fakten und Tatsachen anzunähern, genau hinzusehen und zu verstehen.

Jörns Bühner Frühjahr 2025

Kapitel 1

Von der Pandemie zur Klimapanik – Die neue Weltordnung

Es ist noch nicht lange her, da stand die Welt still. Eine unsichtbare Bedrohung namens Corona zwang ganze Gesellschaften in die Knie, ließ Wirtschaftskreisläufe einfrieren und brachte individuelle Freiheiten zum Erliegen.

Im Namen der Gesundheit wurde kontrolliert, reguliert, zensiert – mit einer Geschwindigkeit und Konsequenz, wie man sie in demokratisch geprägten Gesellschaften kaum für möglich gehalten hätte.

Der Ausnahmezustand wurde zur neuen Normalität erklärt, Kritik galt als unsolidarisch, Widerworte wurden in die Nähe von Extremismus gerückt. Was damals vielen noch wie ein notwendiges Übel erschien, entpuppt sich heute – mit ein wenig Abstand – als Generalprobe für etwas, das weit größer, tiefgreifender und langfristiger angelegt ist: die weltweite Klimapolitik. Genauer gesagt, das, was aus ihr gemacht wurde.

Die Ära der Klimapanik hat begonnen. Und sie kommt nicht etwa leise oder wissenschaftlich ausgewogen daher, sondern laut, moralisch aufgeladen und alternativlos präsentiert. Was einst eine wissenschaftliche Diskussion über Umwelt- und Energiefragen war, ist heute zu einem nahezu religiösen Dogma mutiert, das kaum noch Widerspruch zulässt.

Wer Fragen stellt, wird diffamiert. Wer warnt, wird lächerlich gemacht. Und wer widerspricht, verliert nicht selten seinen Job, seinen Ruf oder gleich seine digitale Existenz.

Doch wie konnte es dazu kommen? Wie konnte sich eine Gesellschaft, die sich Freiheit, Aufklärung und kritisches Denken einst groß auf die Fahnen schrieb, in so kurzer Zeit so tief in eine kollektive Erzählung verstricken, dass selbst sachlich fundierte Gegenmeinungen keinen Platz mehr finden?

Die Antwort darauf ist ebenso vielschichtig wie erschreckend: Wir haben es mit einem ideologischen System zu tun, das weniger mit wissenschaftlicher Objektivität als mit politischer und wirtschaftlicher Macht zu tun hat.

Der menschengemachte Klimawandel, welcher in der propagierten Form gar nicht existiert, ist zur Projektionsfläche geworden, zur Rechtfertigung für alles Mögliche: neue Steuern, neue Gesetze, neue Kontrollmechanismen, neue Abhängigkeiten.

Was während der Corona Plandemie erprobt wurde – Lockdowns, Bewegungsprofile, Maskenpflicht, Impfnachweise – dient nun als Blaupause für eine global gesteuerte Klimapolitik, die noch viel tiefgreifender in das Leben jedes Einzelnen eingreifen soll.

Und wieder steht die Angst im Zentrum. Angst vor dem unsichtbaren Feind, diesmal nicht in Form eines Virus, sondern als „überhitzter Planet", als „Kipppunkt", als „Klimakollaps". Wieder wird der Ausnahmezustand heraufbeschworen, diesmal nicht als temporäre Maßnahme, sondern als dauerhafter Krisenmodus.

Wir sollen verzichten, verzichten, verzichten. Auf Mobilität, auf Konsum, auf Fleisch, auf Wärme im Winter und auf Kühle im Sommer. Im Grunde auf alles was unser Leben doch lebenswert, frei und angenehm macht. Wer sich daran hält, gilt als verantwortungsbewusster Weltbürger. Wer es nicht tut, ist ein Klimasünder, Klimaleugner oder rechtsextrem.

Und genau wie beim Impfen gegen Corona wurde aus einer ursprünglich individuellen Entscheidung eine moralische Verpflichtung, ja geradezu eine Bürgerpflicht gemacht. Die

Spaltung der Gesellschaft ist vorprogrammiert – schon wieder.

Dabei ist es nicht das erste Mal in der Geschichte der Menschheit, dass Angst zur politischen Waffe wird. Doch selten geschah es so global, so einhellig, so orchestriert. Und selten stand so viel auf dem Spiel. Denn was mit wohlklingenden Worten wie „Nachhaltigkeit“, „Dekarbonisierung“ oder „Energiewende“ beginnt, endet nicht selten in staatlicher Kontrolle, wirtschaftlicher Abhängigkeit und sozialer Fragmentierung.

Die Parallelen zur Pandemiepolitik sind zu offensichtlich, um sie zu ignorieren.

Natürlich: Der Umweltschutz ist wichtig. Niemand mit klarem Verstand wird abstreiten, dass wir als Menschheit achtsamer mit unserer Erde umgehen müssen. Aber darum geht es längst nicht mehr. Und Umweltschutz hat zunächst mal gar nichts mit dem Klima zu tun. Das wird nur allzu gern miteinander verquickt. Umweltschutz kann jeder Mensch mit beachten und mitgestalten. Das Klima kann der Mensch kaum beeinflussen.

Der Klima-Diskurs ist gekapert worden – von politischen Ideologen, wirtschaftlichen Profiteuren und einer mediengesteuerten Meinungsmacht, die Debatten nicht mehr fördert, sondern völlig unterdrückt. Statt um Lösungen geht es um Kontrolle.

Statt um echten Diskurs geht es um Deutungshoheit. Statt um Wissenschaft geht es um Glauben. Fakten werden ignoriert oder schlicht umgedeutet, so wie man es für die Ideologie benötigt. Wie auch bei Corona werden Fakten zu Verschwörungstheorien und Kritiker der Klimaidoktrin werden als Leugner, rechtsextrem usw. beschimpft.

Mit diesem Buch will ich weiter zur Aufklärung beitragen. Es will hinsehen, wo weggeschaut wird. Fragen stellen, wo andere schweigen. Und dem Leser eine Perspektive geben, jenseits von Hysterie und Gehorsam.

Es ist kein wissenschaftliches Fachbuch, sondern ein gesellschaftskritisches Werk, geschrieben von einem Menschen, der beobachtet, hinterfragt, vergleicht. Es erhebt nicht den Anspruch auf absolute Wahrheit, aber es fordert zum Denken auf. Und das allein ist heute schon ein Akt des Widerstands.

Wir stehen an einem Wendepunkt. Was wir jetzt akzeptieren, wird unsere Zukunft prägen. Ob wir in einer Gesellschaft leben wollen, die auf Angst und Gehorsam basiert – oder in einer, die Freiheit, Vielfalt und offene Debatten schützt.

Der Weg dorthin beginnt mit Aufklärung. Und mit der Bereitschaft, unbequeme Fragen zu stellen.

Willkommen zu einer Reise durch Täuschung, Kontrolle, Ideologie – und am Ende hoffentlich auch durch Erkenntnis, Mut und neue Wege. Dieses Buch will beides:

Kritik üben und Hoffnung geben. Es beginnt hier – mit der Frage: Was, wenn die größte Bedrohung nicht das Klima ist, sondern der Umgang damit?

Kapitel 2

Die Geburtsstunde der Klimadoktrin

Um die heutigen Entwicklungen im Klima-Diskurs zu verstehen, muss man zurückblicken. Nicht nur ein paar Jahre, sondern Jahrzehnte. Die Idee, dass der Mensch das Weltklima maßgeblich beeinflusst und dadurch eine globale Katastrophe auslösen könnte, ist keineswegs neu – doch ihre heutige Dominanz in Politik, Bildung und Medien ist das Ergebnis eines langen, strategisch aufgebauten Prozesses.

Die Ursprünge der sogenannten Klimadoktrin reichen zurück bis in die 1970er Jahre, eine Zeit, in der

Umweltfragen erstmals verstärkt ins öffentliche Bewusstsein traten. Damals war es allerdings nicht die Erderwärmung, die Ängste schürte, sondern eine bevorstehende Eiszeit, von der manche Wissenschaftler warnten.

Ja, richtig gelesen: Noch vor wenigen Jahrzehnten galt eine globale Abkühlung als größte Gefahr für die Menschheit.

Doch wie kam es zum radikalen Meinungsumschwung? Warum wurde aus der Sorge vor Kälte plötzlich die Angst vor Hitze – und wie konnte sich diese Angst so tief in das gesellschaftliche Gedächtnis eingraben, dass sie heute als unantastbare Wahrheit gilt?

Die Antwort liegt – wie so oft – nicht nur in der Wissenschaft, sondern in der Politik. Die Umweltbewegung, die sich mal ursprünglich aus echten Sorgen um Verschmutzung, Artensterben und Raubbau an der Natur speiste, wurde in den folgenden Jahrzehnten mehr und mehr zur Projektionsfläche für Ideologien.

Aus ökologischer Achtsamkeit wurde moralische Überlegenheit. Wer sich für den Planeten einsetzte, war gut. Wer Fragen stellte, galt als rückständig oder sogar gefährlich. Und mit der Zeit begannen politische Kräfte – oft unterstützt durch internationale Organisationen und mächtige Stiftungen –, dieses moralische Kapital zu nutzen, um tiefgreifende gesellschaftliche Veränderungen zu fordern.

Ein Meilenstein war zweifellos der erste Bericht des Weltklimarats (IPCC) im Jahr 1990. Auch wenn dieser noch vorsichtiger formuliert war als heutige Stellungnahmen, wurde er in den Medien bereits als Beweis für den nahenden Untergang gefeiert. Der Begriff „Klimakatastrophe" fand Eingang in den Alltagswortschatz, und mit ihm ein ganzes Vokabular von Angst: „Erderhitzung", „Kipppunkte", „Unumkehrbarkeit".

Die Klimawissenschaft wurde zunehmend zu einer Einbahnstraße: Modelle ersetzten Beobachtungen, Computersimulationen wurden als Realität verkauft, Zweifel als Ketzerei behandelt.

Es ist bemerkenswert, wie schnell sich aus einem wissenschaftlichen Diskurs ein moralisch aufgeladenes Dogma entwickelte. Dabei sind Zweifel in der Wissenschaft keine Schwäche, sondern ihre Grundlage. Fortschritt entsteht nicht durch blinden Konsens, sondern durch das Infragestellen des Bestehenden.

Doch im Klima-Diskurs wurde das Gegenteil zur Norm. Kritische Stimmen – darunter auch hochkarätige Wissenschaftler – verloren Forschungsaufträge, wurden aus Gremien ausgeschlossen oder medial diskreditiert. Die öffentliche Meinung wurde mit einer beispiellosen Wucht geformt – durch Kampagnen, Schulprogramme, Talkshows und Filme, allen voran Al Gores „Eine unbequeme Wahrheit", der kaum durch Fakten als vielmehr durch emotionale Bilder wirkte und aufhetzte.

Diese mediale Dauerbeschallung blieb nicht ohne Wirkung. Schon Kinder lernten, dass CO_2 der Feind sei. Dass Autofahren, Fliegen oder Fleischessen den Planeten zerstören. Dass die Uhr tickt und der Kollaps bevorsteht.

Eine ganze Generation wuchs mit der Vorstellung auf, dass sie für eine Apokalypse verantwortlich sei, die sie nur durch moralisch korrektes Verhalten abwenden könne. Die Klimadoktrin war geboren – und mit ihr ein neues Selbstverständnis des Menschen: nicht mehr als Teil der Natur, sondern als deren größte Bedrohung.

Doch was, wenn dieses Bild falsch ist? Was, wenn CO_2 nicht der Dämon ist, als der es dargestellt wird, sondern einfach nur lebenswichtig für alles Leben auf der Erde? Was, wenn Klimaveränderungen weit komplexer sind, als sie uns erklärt werden – beeinflusst von Sonnenzyklen, Meeresströmungen, geologischen Prozessen, die wir nur zum Teil verstehen? Was, wenn die ganze Debatte weniger mit Fakten zu tun hat als mit nackten Interessen – politischen, wirtschaftlichen, ideologischen?

Wer sich mit diesen Fragen beschäftigt, stößt schnell auf eine Mauer des Schweigens. Denn hinter der Klimadoktrin steht eine riesige Maschinerie: Fördergelder in Milliardenhöhe, internationale Konferenzen mit Tausenden Teilnehmern, Gesetze, Abkommen, Zertifikate.

Ein ganzes Geschäftsmodell, das auf Angst basiert. Und diese Angst soll nicht hinterfragt werden – denn sie ist das Fundament.

Die Instrumentalisierung der Wissenschaft ist dabei kein neues Phänomen. Immer wieder in der Geschichte wurden Erkenntnisse verzerrt, um politische Agenden zu stützen. Doch selten geschah dies so subtil und umfassend wie im Fall des Klimas. Hier geht es nicht nur um Politik, sondern um Identität.

Wer heute öffentlich gegen die Klimadoktrin argumentiert, stellt sich nicht nur gegen eine Meinung – er riskiert seinen Platz in der Gesellschaft.

Trotzdem gibt es sie: die Zweifler, die Mahner, die Aufklärer, die echten Kritiker mit wachem Geist. Menschen, die nicht alles glauben, was ihnen vorgesetzt wird. Die bereit sind, unpopuläre Fragen zu stellen.

Ich versuche mit diesem Buch ihnen eine Stimme und Unterstützung geben. Natürlich nicht um die Umwelt zu vernachlässigen, das ist ein ganz anderes Thema, sondern um wieder zur Vernunft zurückzukehren.

Zurück zu einem Diskurs, der auf Fakten beruht, nicht auf Ideologie und Angst. Zu einer Gesellschaft, die wieder fähig ist, reale Fakten und unterschiedliche Meinungen auszuhalten.

Denn nur so kann echter Fortschritt entstehen. Und nur so können wir vermeiden, dass aus der Sorge um das Klima eine neue Form der Unterdrückung wird – gut gemeint, aber fatal in der Wirkung.

Die Geburtsstunde der Klimadoktrin war keine Laune der Natur. Sie war das Ergebnis gezielter Einflussnahme. Und sie war der erste Schritt auf einem Weg, der unsere Freiheit gefährdet – wenn wir ihn nicht hinterfragen.

Kapitel 3

Der CO_2-Mythos: Fakten vs. Ideologie

Wenn ein einziges Molekül sinnbildlich für einen weltweiten gesellschaftlichen Wandel steht, dann ist es wohl das Kohlendioxid – CO_2. Kein anderes chemisches Element hat es in den vergangenen Jahrzehnten geschafft, vom unsichtbaren Bestandteil der Atmosphäre zur moralisch aufgeladenen Bedrohung zu werden.

Heute ist CO_2 in der öffentlichen Wahrnehmung beinahe ein Synonym für Zerstörung, Schuld und drohenden Untergang. Doch wie wurde aus einem natürlichen Bestandteil der Luft ein globales Feindbild? Und wie sehr stimmen die offiziellen Erzählungen mit der Realität überein?

Zunächst einmal ist CO_2 nichts anderes als ein farb- und geruchloses Gas, das in der Atmosphäre in einem Anteil von etwa 0,04 Prozent vorkommt. Eine winzige Menge also – und doch soll genau dieses Gas dafür verantwortlich sein, dass sich das Klima der Erde dramatisch verändert.

Diese Vorstellung klingt plausibel, wird sie doch seit Jahrzehnten gebetsmühlenartig wiederholt. Und wer könnte schon widersprechen, wenn fast alle Medien, Politiker und sogar Schulbücher es einstimmig behaupten? Doch Wissenschaft lebt nicht von Wiederholung, sondern von kritischer Prüfung. Und bei genauerem Hinsehen zeigen sich erhebliche Lücken in der Erzählung.

CO_2 ist ein sogenanntes Treibhausgas, das in der Lage ist, Wärmestrahlung zu absorbieren und teilweise zurück zur Erde zu reflektieren. Dieser Effekt ist physikalisch unbestritten – ohne ihn wäre unser Planet deutlich kälter und vermutlich unbewohnbar.

Doch wie stark der menschliche Beitrag zur CO_2-Konzentration tatsächlich ist und wie sehr dieser Beitrag das Klima beeinflusst, ist nicht so, wie es uns ständig überall eingebläut wird. Davon mal völlig abgesehen, ist CO_2 keine Gefahr, es ist lebensnotwendig für alles Leben auf der Erde. Allein die Bedeutung des CO_2 ist doch bereits kritisch zu hinterfragen.

Der Großteil der weltweiten CO_2-Emissionen stammt aus natürlichen Quellen wie Ozeanen, Vulkanen und biologischen Prozessen. Der menschliche Anteil macht – je nach Quelle – nur maximal vielleicht 2 bis 4 Prozent des Gesamtvolumens aus.

Nun könnte man einwenden, dass auch kleine Veränderungen große Wirkungen haben können. Das ist prinzipiell richtig. Doch diese Aussage allein reicht nicht, um eine gesamte Weltordnung umzubauen, Gesellschaften umzuerziehen und Milliardenprogramme zu legitimieren.

Was fehlt, ist der direkte Nachweis, dass die aktuelle Erderwärmung ausschließlich oder auch nur hauptsächlich auf menschliche CO_2-Emissionen zurückzuführen ist. Und genau dieser Beweis bleibt die Klimaforschung bis heute schuldig. Stattdessen arbeitet man mit Modellen, Annahmen und Projektionen, die selten überprüfbar und noch seltener reproduzierbar sind.

Zudem wird ein entscheidender Punkt oft unterschlagen: CO_2 ist kein Gift. Im Gegenteil – es ist lebensnotwendig. Pflanzen benötigen es zur Photosynthese, ohne CO_2 gäbe es keine Wälder, keine Landwirtschaft, kein Leben, wie wir es kennen.

In der Vergangenheit – beispielsweise in Warmzeiten vor mehreren Millionen Jahren – war die CO_2-Konzentration in der Atmosphäre zum Teil deutlich höher als heute, und dennoch florierte das Leben. Es war deutlich grüner auf der Erde, es gab deutlich mehr Leben.

Diese historischen Zusammenhänge werden im aktuellen Diskurs kaum thematisiert, weil sie nicht ins apokalyptische Narrativ passen.

Hinzu kommt die fragwürdige Art und Weise, wie wissenschaftliche Ergebnisse oft dargestellt werden. Der sogenannte "97%-Konsens" unter Klimawissenschaftlern wird gerne zitiert, um Kritiker mundtot zu machen.

Doch bei genauer Betrachtung beruht diese Zahl auf einer stark verzerrten, um nicht zu sagen, gefälschten Auswertung von Studien, bei der viele differenzierte Positionen über einen Kamm geschoren wurden.

Konsens ersetzt keine Beweise – schon gar nicht in der Wissenschaft. Und wer sich auf Mehrheiten beruft, argumentiert politisch, nicht wissenschaftlich.

Es drängt sich der Verdacht auf, dass CO_2 gezielt dämonisiert wurde, weil es sich hervorragend eignet, komplexe Vorgänge auf ein einfaches Feindbild zu reduzieren. Wer CO_2 als Ursache allen Übels definiert, kann daraus klare Handlungsanweisungen ableiten: Verbote, Regulierungen, Besteuerungen.

Der Bürger wird zum Schuldner erklärt, sein Lebensstil zur Bedrohung. Die Politik tritt nicht mehr als Dienstleister auf, sondern als Erzieher – oder schlimmer: als Überwacher. In dieser Logik ist CO_2 nicht nur ein Molekül, sondern ein Kontrollinstrument.

Und wie bei jedem starken Narrativ kommt auch hier die Moral ins Spiel. CO_2 ist nicht nur schädlich, es ist falsch – wer es produziert, sei es durch Autofahren, Heizen oder Fleischessen, handelt unmoralisch.

Die Klimadebatte wird so zur Glaubensfrage. Wissenschaftliche Sachlichkeit weicht einer neuen Form von Öko-Ethik, in der nicht das bessere Argument zählt, sondern die "richtige Haltung". Dieser moralische Absolutismus verhindert echte Lösungen, weil er Zweifel nicht zulässt und Alternativen als Ketzerei abtut.

Dabei gäbe es genug Anlass zur Differenzierung. Nicht nur hinsichtlich der Rolle von CO_2, sondern auch bezüglich der Frage, wie sinnvoll bestimmte Klimamaßnahmen überhaupt sind. Viele sogenannte grüne Technologien – von Windparks, Solarenergie bis hin zu Elektroautos – haben ihre eigenen ökologischen und sozialen Schattenseiten.

Sie sind rein ideologischer Natur und sowohl ökonomisch als auch ökologisch unsinnig. Doch wer sie kritisiert, gilt schnell als "Klimaleugner" – ein Begriff, der nicht zufällig an die schlimmsten Verbrechen des 20. Jahrhunderts erinnert und jeden offenen Diskurs im Keim ersticken soll.

Dieses Kapitel soll daher keine endgültigen Antworten geben, sondern zum Nachdenken anregen. Es will den Leser ermutigen, selbst nachzuforschen, selbst zu hinterfragen, selbst zu urteilen.

Denn nur durch eine informierte Öffentlichkeit kann verhindert werden, dass ideologische Vereinfachungen zur politischen Waffe werden. Der CO_2-Mythos ist genau das: eine gefährliche Verkürzung eines hochkomplexen Themas. Wer sich davon nicht blenden lässt, hat den ersten Schritt zur geistigen Unabhängigkeit bereits getan.

Kapitel 4

Klima-Modelle, Datenmanipulation und Wissenschaft im Dienst der Politik

Wenn die öffentliche Meinung über ein komplexes Thema wie das Weltklima fast vollständig auf Computerprognosen basiert, ist gesunde Skepsis nicht nur erlaubt, sondern notwendig. Denn diese Modelle, die in den Medien oft wie unumstößliche Fakten präsentiert werden, sind in Wahrheit nichts anderes als rechnergestützte Annahmen – Hypothesen, die auf einer Vielzahl von Variablen, Vereinfachungen und oft unvollständigen Daten basieren.

Doch die Tragweite, mit der sie politische Entscheidungen und gesellschaftliche Entwicklungen beeinflussen, ist enorm. Und genau darin liegt die Gefahr.

Klimamodelle sollen in die Zukunft blicken. Sie sollen uns sagen, wie sich die globale Temperatur bis 2050, 2100 oder gar darüber hinaus entwickeln wird – je nachdem, wie viel CO_2 wir ausstoßen oder einsparen. Dabei ist es nicht das

Ziel dieser Modelle, exakte Vorhersagen zu treffen, sondern Trends aufzuzeigen.

Das klingt in der Theorie vernünftig. In der Praxis jedoch wurden aus diesen Modelltrends politische Wahrheiten, und aus politischen Wahrheiten wurden unumstößliche Dogmen.

Ein Blick auf die Geschichte dieser Modelle zeigt, wie weit die Realität oft von den Prognosen abweicht. Viele Vorhersagen aus den 1980er- und 1990er-Jahren haben sich nicht bewahrheitet.

Die prognostizierte Erwärmung fiel deutlich geringer aus, einige befürchtete Szenarien – etwa der vollständige Rückgang des arktischen Eises oder der dramatische Anstieg des Meeresspiegels – traten schlicht nicht ein.

Ganz im Gegenteil wuchs das Eis vielfach weiter an und der Meeresspiegel hat sich nicht verändert. Trotzdem wurden diese Prognosen nie wirklich hinterfragt. Vielmehr passte man die Modelle im Nachhinein an die Realität an, um die Diskrepanz zu erklären – und präsentierte die neuen Berechnungen wiederum als unfehlbare Wahrheit.

Das Prinzip ist bekannt aus der Ökonomie: Wenn eine Prognose nicht eintritt, wird das Modell verändert – nicht aber die Grundannahme. Im Fall des Klimas ist diese Grundannahme die zentrale Rolle des CO_2.

Dass es auch andere Einflussgrößen gibt – Sonnenzyklen, Wolkenbildung, kosmische Strahlung, Wasserdampf,

Meeresströmungen –, wird zwar am Rande erwähnt, spielt in der öffentlichen Kommunikation aber kaum eine Rolle.

Der Fokus bleibt stets auf dem menschgemachten CO_2-Ausstoß – weil nur dieser sich politisch kontrollieren lässt.

Doch nicht nur die Modelle selbst sind problematisch. Auch der Umgang mit Daten wirft Fragen auf. Immer wieder kommt es zu Vorwürfen, dass Temperaturreihen manipuliert, historische Messwerte "korrigiert" oder bestimmte Datenreihen gezielt weggelassen wurden.

Der sogenannte „Climategate"-Skandal aus dem Jahr 2009, bei dem tausende E-Mails und Dateien von Klimaforschern an die Öffentlichkeit gelangten, offenbarte genau das: den Versuch, abweichende Daten zu verharmlosen, Kritiker zu diskreditieren und die öffentliche Darstellung zu kontrollieren.

Auch wenn viele der Vorwürfe später heruntergespielt wurden – das Vertrauen in die Objektivität der Klimaforschung wurde massiv erschüttert.

Die politische Einflussnahme auf die Wissenschaft ist ein weiteres zentrales Problem. Wer Fördergelder will, muss sich anpassen. Wer in internationalen Gremien mitreden will, muss die richtige Sprache sprechen. Wer auf Konferenzen eingeladen werden will, darf nicht anecken.

Diese Mechanismen sorgen dafür, dass eine gewisse Meinung dominant bleibt – nicht unbedingt, weil sie wahr ist, sondern weil sie opportun ist. Und wer trotzdem widerspricht, riskiert Isolation, Karriereknick oder Rufmord.

Das ist keine Verschwörung, sondern ein strukturelles Problem der modernen Wissenschaft, das in vielen Disziplinen zu beobachten ist – im Bereich der Klimaforschung jedoch besonders ausgeprägt.

Hinzu kommt der mediale Umgang mit Wissenschaft. Komplexe Zusammenhänge werden auf Schlagzeilen reduziert. Nuancen gehen verloren, Differenzierungen gelten als Schwäche. Die Wissenschaft wird zum Werkzeug politischer Kommunikation. Dabei ist sie per Definition ein offener Prozess – ein Ringen um Erkenntnis, nicht um Zustimmung.

Doch in der öffentlichen Debatte über das Klima wird oft so getan, als sei alles längst bewiesen. Zweifel gelten als gefährlich, nicht als Teil der Erkenntnisgewinnung. Dieses Denken ist das Gegenteil von Aufklärung.

Das Resultat dieser Entwicklung ist fatal: Ein Großteil der Bevölkerung glaubt heute, dass die Klimaforschung ein fertiges Bild der Zukunft liefert – inklusive aller notwendigen Handlungsanweisungen.

Doch die Realität ist weitaus komplexer. Klimamodelle sind Werkzeuge, keine Orakel. Und wie jedes Werkzeug können sie falsch eingesetzt, fehlinterpretiert oder missbraucht werden.

Dieses Kapitel will kein Misstrauen gegenüber Wissenschaft an sich säen, sondern aufzeigen, dass Wissenschaft immer im Kontext betrachtet werden muss. Sie ist kein neutraler Elfenbeinturm, sondern Teil gesellschaftlicher Prozesse – und damit auch anfällig für politische, wirtschaftliche und ideologische Einflussnahme.

Und die findet aktuell in extremer Weise statt. Wer das versteht, kann Informationen besser einordnen, besser bewerten – und sich besser gegen Manipulation schützen.

Der blinde Glaube an Modelle und Prognosen ist ebenso gefährlich wie ihre vollständige Ablehnung. Es geht nicht um Entweder-oder, sondern um ein Sowohl-als-auch. Um kritisches Denken, um Offenheit für neue Erkenntnisse – und um die Bereitschaft, auch unbequeme Fragen zu stellen.

Denn nur so kann Wissenschaft das sein, was sie sein sollte: ein Instrument der Aufklärung, nicht der Unterdrückung.

Kapitel 5

Die Rolle der Medien: Angst als Werkzeug

Wenn es eine Kraft gibt, die in der Lage ist, ganze Gesellschaften in Bewegung zu versetzen, dann ist es die öffentliche Meinung. Und diese wird heute maßgeblich durch die Medien geprägt – durch Bilder, Schlagzeilen und durch Narrative.

Wer die Medienlandschaft der letzten zwei Jahrzehnte aufmerksam beobachtet hat, erkennt ein deutliches Muster: Die Klimaberichterstattung ist geprägt von Alarmismus, Emotionalisierung und einem nahezu vollständigen Fehlen kontroverser Perspektiven.

Es scheint, als gäbe es nur eine Wahrheit – und diese lautet: Der Mensch zerstört durch sein Verhalten das Klima, und nur ein radikaler Wandel kann die Katastrophe verhindern.

Täglich erreichen uns Meldungen über Hitzerekorde, Dürrekatastrophen, Unwetter, schmelzende Gletscher oder brennende Wälder. Diese Bilder sind oft real, keine Frage. Doch ihre Deutung ist selten neutral.

Ein heißer Sommer in Mitteleuropa wird als Beleg für die Klimakrise dargestellt, während ein ungewöhnlich kalter Winter in denselben Regionen kaum Erwähnung findet – oder, wenn überhaupt, ebenfalls mit dem Klimawandel erklärt wird. Diese selektive Wahrnehmung folgt einer klaren Logik: Alles muss in das große Narrativ passen. Und dieses Narrativ ist nicht mehr hinterfragbar.

Die Mechanismen dahinter sind nicht neu, aber in ihrer Intensität neuartig. Medien leben von Aufmerksamkeit. Schlagzeilen, die Angst machen, verkaufen sich besser als nüchterne Analysen.

Eine Studie, die moderate Temperaturveränderungen in Zusammenhang mit natürlichen Klimazyklen bringt, erzeugt weniger Klicks als die Ankündigung eines apokalyptischen Szenarios. In diesem Wettbewerb um Reichweite geraten Fakten schnell ins Hintertreffen. Was zählt, ist der Effekt.

Der Leser, der Zuschauer, der User soll emotional reagieren, er soll Angst empfinden, Schuld spüren und sich dem kollektiven Imperativ unterwerfen.

Ein besonders wirksames Instrument ist dabei die Bebilderung. Kaum ein Klimabeitrag in den großen

Medienhäusern kommt ohne dramatische Bilder aus: verdorrte Felder, schmelzende Polkappen, verzweifelte Kinder mit Pappschildern.

Diese Ikonografie dient nicht der Information, sondern der Suggestion. Sie vermittelt ein Gefühl der Ohnmacht – und gleichzeitig eine klare Handlungsanweisung: Du musst etwas tun, sonst bist du mitverantwortlich.

Hinzu kommt die Personalisierung der Klimabewegung. Figuren wie Greta Thunberg werden nicht nur als Aktivisten, sondern als moralische Instanzen inszeniert. Ihre Botschaften – oft verkürzt, emotional, anklagend – erhalten mehr mediale Aufmerksamkeit als wissenschaftliche Diskurse.

Der Effekt ist gewollt: Der Klimadiskurs wird entpolitisiert und gleichzeitig moralisch aufgeladen. Wer widerspricht, greift nicht nur eine Meinung an, sondern stellt sich gegen das Gute, gegen die Zukunft, gegen die Jugend.

Auch die Sprache der Medien hat sich verändert. Begriffe wie "Klimaleugner" oder "Klimasünder" erzeugen ein Freund-Feind-Schema, das jede differenzierte Debatte im Keim erstickt. Es sind Begriffe die schlicht brandmarken.

Wer sie verwendet, stellt klar:

Es gibt nur eine legitime Meinung. Alles andere ist gefährlich, unmoralisch, asozial. Diese sprachliche Gewalt hat Auswirkungen. Sie erzeugt Selbstzensur, Misstrauen, Polarisierung. Sie zerstört das, was eine demokratische

Gesellschaft im Innersten zusammenhält: den offenen Diskurs.

Dass sich viele Menschen dennoch nicht mehr abgeholt fühlen, ist kein Zufall. Die Kluft zwischen medial vermittelter Realität und eigenem Erleben wächst. Während in Talkshows über den Weltuntergang gesprochen wird, erleben viele Menschen ganz andere Sorgen: steigende Lebenshaltungskosten, soziale Spannungen, politische Instabilität.

Doch wer darüber sprechen will, riskiert, als ablenkend oder ignorant abgestempelt zu werden. Die Klimakrise duldet keine Ablenkung.

Und so entsteht ein medial befeuertes Klima der Angst – nicht nur vor Naturkatastrophen, sondern auch vor sozialer Ächtung. Wer nicht mitmacht, wird ausgegrenzt. Wer Fragen stellt, wird stigmatisiert.

Die Medien, die einst als vierte Gewalt Kontrolle und Transparenz garantieren sollten, haben sich in Teilen zu Verstärkern eines ideologischen Projekts entwickelt. Sie informieren nicht mehr nur, sie erziehen.

Natürlich gibt es Ausnahmen. Es sind die vielen alternativen Medien, wie beispielsweise Auf1. Und es gibt ein paar ganz wenige Journalisten, die hinterfragen, die recherchieren, die sich nicht dem Mainstream beugen.

Doch ihre Stimmen sind selten, und ihre Reichweite ist begrenzt. Und wer sich aus den Mainstream Medien traut, etwas kritisch zu hinterfragen, ist nicht selten sofort seinen Job los und wird öffentlich diskreditiert.

In einer Welt, in der Algorithmen und Aufmerksamkeitsökonomie den Ton angeben, haben es differenzierte Stimmen schwer. Und genau deshalb ist es umso wichtiger, dass Leser, Zuschauer und Hörer wieder lernen, kritisch zu hinterfragen.

Nicht alles zu glauben, was gesendet wird. Und auch den Mut zu haben, unbequeme Wahrheiten auszusprechen.

Denn Angst ist ein mächtiges Werkzeug – aber ein schlechter Ratgeber. Wer in ständiger Alarmbereitschaft lebt, trifft selten kluge Entscheidungen. Eine aufgeklärte Gesellschaft braucht keine moralischen Erpressungen, sondern offene Debatten.

Sie braucht Medien, die informieren, nicht indoktrinieren. Und sie braucht Bürger, die bereit sind, selbst zu denken – auch gegen den Strom.

Dieses Kapitel ist ein Plädoyer für eben jene Selbstermächtigung. Für einen neuen Umgang mit Information. Für den Mut, hinter die Schlagzeilen zu schauen.

Denn nur wer sich nicht von der Angst leiten lässt, kann wirklich frei entscheiden.

47

Kapitel 6

Greta, Glaube, Gesinnung – Der neue Klima-Kult

Es gab eine Zeit, da war Umweltschutz eine nüchterne Angelegenheit. Man sprach über saubere Flüsse, Müllvermeidung, Artenschutz. Es war ein pragmatisches Feld, oft dominiert von Biologen, Ingenieuren und Technikern. Heute hat sich das Bild grundlegend gewandelt.

Der Diskurs um das Klima hat sich in eine neue Dimension verschoben – weg von der sachlichen Auseinandersetzung, hin zu einem ideologisch aufgeladenen Glaubenssystem. Die moderne Klimabewegung hat in Teilen den Charakter einer Ersatzreligion angenommen.

Und wie bei allen religiösen Bewegungen gibt es Propheten, Dogmen, Sünden und Erlösung.

In den Mittelpunkt dieser Bewegung war eine junge Frau gerückt, deren Name mittlerweile weltweit bekannt wurde: Greta Thunberg.

Was mit einem Schulstreik begann, wurde zur globalen Bewegung. Millionen junger Menschen folgten ihrem Beispiel, gingen auf die Straße, hielten Schilder in die Höhe, skandierten Parolen.

Greta wurde zur Ikone – gefeiert, verehrt, hofiert von Politikern, Prominenten und Medien. Ihre Auftritte bei den Vereinten Nationen, ihr wütender Blick, ihre berühmten Worte – „How dare you!" – prägten das Bild einer neuen Generation von Klimaaktivisten, die sich nicht mehr mit Kompromissen zufriedengeben wollen.

Das arme Kind wurde instrumentalisiert für die Ideologien der grün-linken Elite.

Dabei geht bei aller Aufmerksamkeit für diese Symbolfigur eines verloren: die Differenzierung. Greta spricht nicht für alle jungen Menschen. Sie steht für eine bestimmte Auslegung der Klimafrage, eine links-grüne Ideologie – eine, die von tiefem Pessimismus, von moralischer Strenge und von kompromissloser Forderung geprägt ist.

In ihren Reden ist kein Raum für Zweifel, für Nuancen, für wissenschaftliche Komplexität. Stattdessen dominieren apokalyptische Bilder, Schuldzuweisungen und ein emotional aufgeladener Imperativ zur Umkehr.

Was wir hier erleben, ist der Übergang von politischem Aktivismus zu einer Art von Glaubensbewegung. Die Klimafrage ist nicht mehr nur eine politische Herausforderung, sie ist zu einer Frage von Gut und Böse geworden.

Wer auf „der richtigen Seite" steht, kämpft für das Klima, für die Zukunft, für die Menschheit.

Wer Fragen stellt, wird schnell zum Feind erklärt – ein Leugner, ein Ignorant, ein Komplize der Zerstörung. Diese Polarisierung zerstört den Diskurs. Sie verwandelt eine komplexe Debatte in ein moralisches Schlachtfeld.

Wie bei jeder Ideologie gibt es auch hier zentrale Glaubenssätze. Der wichtigste davon: Der Mensch zerstört durch seine Lebensweise den Planeten – und nur durch radikale Änderungen, durch Verzicht, durch Selbstbeschränkung kann die Apokalypse verhindert werden.

Dieser Gedanke allein ist noch nicht problematisch.

Doch er wird getragen von einer Überzeugung, die keinen Widerspruch duldet. Zweifel gelten als Verrat, Nachfragen als Angriff.

Hinzu kommt eine neue Form der Selbstinszenierung. Aktivisten kleben sich auf Straßen, werfen Suppe auf Gemälde, blockieren Flughäfen – nicht weil diese Aktionen rational erklärbar wären, sondern weil sie symbolisch aufgeladen sind.

Es geht um Aufmerksamkeit, um moralische Überlegenheit, um den Kampf gegen ein übermächtiges System. Die Aktionen erinnern in ihrer Radikalität an religiöse Bußrituale – Ausdruck eines tief empfundenen Schuldkomplexes gegenüber der Natur.

Besonders auffällig ist dabei der Einfluss auf junge Menschen. In Schulen wird das Thema Klima mit missionarischem Eifer behandelt. Greta war da eine sehr willkommene Symbolfigur. Kinder lernen, dass sie eine sterbende Welt erben, wenn sie nicht alles ändern.

Die Angst vor der Zukunft wird zu einem ständigen Begleiter.

Dabei fehlt oft der Hinweis, dass es unterschiedliche Sichtweisen gibt, dass Wissenschaft ein offener Prozess ist, dass es Hoffnung und Alternativen gibt. Stattdessen werden Schuldgefühle erzeugt – eine emotionale Erpressung, die langfristige seelische Folgen haben kann.

Der Begriff „Klimakult" ist provokant, aber nicht unbegründet. Denn was wir beobachten, erfüllt viele Merkmale einer ideologischen Bewegung: Es gibt eine zentrale Wahrheit, es gibt Helden und Feinde, es gibt Rituale, Symbole, ein klares Weltbild. Und wie bei allen Kulten besteht die Gefahr, dass die Realität nur noch durch die eigene Überzeugung gefiltert wird.

Außenstehende werden nicht als Gesprächspartner gesehen, sondern als Bedrohung. Das führt nicht zu mehr Aufklärung, sondern zu mehr Spaltung.

Dabei ist die ursprüngliche Idee – nämlich für die Umwelt einzutreten, bewusster zu leben, Ressourcen zu schonen – absolut berechtigt. Doch sie wurde vereinnahmt, überhöht und mit einer Radikalität aufgeladen, die wenig Raum für echte Lösungen lässt.

Wenn der Dialog durch Dogma ersetzt wird, wenn Kritik als Blasphemie gilt, dann ist eine gesunde gesellschaftliche Entwicklung nicht mehr möglich.

Dieses Kapitel ist ein Versuch, hinter die Fassade zu blicken. Nicht um Greta Thunberg zu kritisieren – sie ist ein Mensch mit Überzeugungen, der für etwas einsteht. Sondern um die Strukturen zu verstehen, die ihre Figur hervorgebracht haben.

Es geht darum, den ideologischen Unterbau sichtbar zu machen, der aus Umweltschutz eine Ersatzreligion formt.

Denn nur wenn wir das erkennen können, werden wir wieder zu einem offenen, ehrlichen Diskurs zurückfinden – jenseits von Schuld und Scham, hin zu Verantwortung und Vernunft.

Kapitel 7

Schule, Gehirnwäsche und grüne Umerziehung

Wer heute ein Kind in die Schule schickt, geht irrtümlich leider meist davon aus, dass dort Wissen vermittelt wird – objektiv, sachlich, kritisch. Doch wer genau hinschaut, erkennt: Das ist schon lange nicht mehr der Fall.

Der Bildungsbereich ist längst nicht mehr neutral. Besonders beim Thema Klima hat sich in den letzten Jahren ein regelrechter Umerziehungsprozess etabliert. Aus Wissensvermittlung wurde Indoktrination. Aus Aufklärung wurde Erziehung zur Gesinnung.

Und aus einem offenen Lernraum wurde ein moralisch überwachter Raum, in dem Zweifel kaum noch Platz finden.

Schon in den ersten Schuljahren werden Kinder mit Begriffen wie „Klimakrise", „Klimakatastrophe" oder „Fridays for Future" konfrontiert. Sie basteln Plakate, lernen die „richtige" Meinung über CO_2, und schreiben Aufsätze darüber, wie sie persönlich den Planeten retten können.

All das klingt zunächst harmlos, fast niedlich. Doch bei näherem Hinsehen offenbart sich eine Pädagogik der Angst: Wenn du nicht brav verzichtest, wird die Erde sterben. Wenn du nicht verzichtest, bist du mitverantwortlich für das Leid anderer.

Es ist eine emotionale Überlastung junger Menschen mit Problemen, die sie intellektuell noch gar nicht durchdringen können.

Zudem wird kaum differenziert. Der Klimawandel wird als rein vom Menschen verursacht dargestellt, alternative Perspektiven tauchen nicht auf. Kritische Wissenschaftler gelten pauschal als „Leugner", Industrie und Wirtschaft als Feindbilder.

Die Komplexität der Klimaforschung – etwa der Einfluss der Sonne, der Meere oder historischer Klimaverläufe – wird zugunsten einer einfachen Schuldzuweisung ausgeblendet. Der Mensch ist schuld. Genauer gesagt: der westliche Konsument.

Diese pädagogische Vereinfachung hat System. Denn wer früh lernt, was richtig und falsch ist, hinterfragt später weniger. So entsteht eine Generation, die nicht nur ein schlechtes Gewissen gegenüber ihrer Lebensweise entwickelt, sondern auch wenig Toleranz für andere Meinungen zeigt.

Die Schule wird so zum ersten Ort der gesellschaftlichen Spaltung. Wer sich nicht anpasst, fällt auf. Wer widerspricht, wird sanktioniert – sei es durch schlechte Noten, durch sozialen Druck oder durch Ausschluss vom Unterricht.

Lehrpläne und Schulmaterialien sind dabei oft stark ideologisch gefärbt. Zahlreiche NGOs und Stiftungen bieten „pädagogische Materialien" an, die einseitig informieren und dabei vorgaukeln, wissenschaftlich fundiert zu sein. Medienkompetenz – die Fähigkeit, Informationen zu prüfen und zu hinterfragen – wird zwar gepredigt, aber selten wirklich gelehrt.

Stattdessen lernen Kinder, Autoritäten unhinterfragt zu glauben – solange diese im Namen des Klimas sprechen.

Hinzu kommt die Politisierung des Schulraums. Lehrer, die sich kritisch zum Klima-Dogma äußern, müssen mit Repressalien rechnen. Schüler, die nicht an Streiks teilnehmen, werden ausgegrenzt.

Und Eltern, die Bedenken äußern, gelten schnell als „rechts" oder „verwirrt". Diese Atmosphäre der Einschüchterung hat mit Bildung im ursprünglichen Sinne nur noch wenig zu tun. Sie erinnert vielmehr an autoritäre Systeme, in denen Ideologie über Erkenntnis steht.

Natürlich braucht Bildung Werte. Natürlich sollen Kinder Verantwortung lernen. Aber sie brauchen auch das Handwerkszeug, um diese Verantwortung mit Wissen, Urteilsfähigkeit und innerer Freiheit zu füllen.

Wer Kindern einredet, dass die Welt untergeht, wenn sie ein Flugzeug besteigen oder ein Steak essen, nimmt ihnen nicht nur ihre Leichtigkeit – sondern auch ihre Fähigkeit zur vernünftigen Entscheidung.

Dieses Kapitel will nicht gegen Klimabildung an sich argumentieren. Es geht darum, aufzuzeigen, wie ein wichtiges Thema ideologisch überformt wird.

Wie Kinder nicht lernen, selbst zu denken, sondern zu glauben. Und wie dadurch eine Gesellschaft entsteht, die nicht mehr durch Aufklärung, sondern durch moralischen Druck zusammengehalten wird.

Wirklich aufgeklärte Menschen erkennt man nicht an der „richtigen" Meinung, sondern an ihrer Fähigkeit, mehrere Perspektiven zu erkennen, zu analysieren und abzuwägen. Diese Fähigkeit sollte die Schule fördern – nicht zerstören.

Kapitel 8

Die Öko-Moral als Spaltpilz der Gesellschaft

Es ist ein paradoxes Phänomen unserer Zeit: Eine Bewegung, die vorgibt, die Menschheit zu einen und die Welt zu retten, treibt in Wahrheit einen Keil zwischen Menschen, Lebensentwürfe und Weltanschauungen.

Die sogenannte Öko-Moral hat sich in den letzten Jahren zu einem neuen gesellschaftlichen Kodex entwickelt – einem Kodex, der nicht auf Konsens, sondern auf Konformität basiert. Wer ihm nicht folgt, wird nicht nur kritisiert, sondern moralisch verurteilt. Die Frage lautet nicht mehr: "Was ist richtig oder falsch?" – sondern: "Wer ist gut, wer ist böse?"

Dieser neue Moralismus zieht sich durch alle Lebensbereiche. Ob beim Einkaufen, Reisen, Wohnen oder

Arbeiten – überall lauert die Erwartung, sich klimakompatibel zu verhalten. Der CO_2-Fußabdruck ist zur neuen Währung geworden, und mit ihm eine ganze Industrie aus Bewertungs- und Belohnungssystemen.

Wer sich vegan ernährt, Fahrrad fährt und seinen Stromanbieter wechselt, wird gesellschaftlich aufgewertet. Wer sich dem entzieht, verliert nicht selten an Ansehen.

Diese neue Moral ist nicht einfach eine Frage des persönlichen Lebensstils. Sie wirkt systemisch. Sie trennt Freundeskreise, spaltet Familien, polarisiert am Arbeitsplatz. Alles wie auch schon beim Corona Test. Gespräche über Klimaschutz führen nicht selten zu Konflikten, weil sie mit persönlichen Vorwürfen verbunden sind.

Das Auto, das Fleisch, der Flug – alles wird zum moralischen Statement. Der Einzelne wird zum Täter erklärt, selbst wenn seine Handlung objektiv unbedeutend ist. Der Maßstab ist nicht die Wirkung, sondern das Symbol.

Ein besonders perfider Effekt dieser Öko-Moral ist ihre Fähigkeit, Schuld zu erzeugen. Selbst Menschen, die ökologisch handeln wollen, kommen in diesen Kategorien schnell an ihre Grenzen. Denn wer wirklich konsequent klimaneutral leben will, stößt früher oder später an gesellschaftliche und wirtschaftliche Realitäten.

Die Folge ist ein diffuses Gefühl der Unzulänglichkeit, das viele nicht mehr ablegen können. Es ist ein Schuldgefühl, das sich tief ins Bewusstsein frisst – und das sich hervorragend instrumentalisieren lässt.

Die politische Dimension dieser Entwicklung ist nicht zu unterschätzen. Moralische Argumente entziehen sich der Diskussion. Wer sich auf das "gute Gewissen" beruft, lässt keinen Widerspruch zu. Diese Taktik ist nicht neu – sie wurde in der Geschichte immer wieder genutzt, um kritisches Denken zu unterdrücken.

Heute geschieht das im Namen des Klimas. Kritik an der Klimapolitik gilt nicht als intellektuelle Herausforderung, sondern als moralischer Makel.

Besonders gefährlich ist, dass diese neue Moral auch in Institutionen Einzug hält. Unternehmen verpflichten sich zu Nachhaltigkeitszielen, Universitäten richten Forschungsprojekte ausschließlich an ökologischen Leitlinien aus, und sogar die Kirche predigt Klimabewusstsein als neue Form der Sünde.

Wer nicht mitzieht, hat ein Problem – nicht nur ideell, sondern ganz konkret: beruflich, sozial, finanziell.

Doch Moral, die spaltet, ist keine Moral, die verbindet. Eine Gesellschaft, die sich in "die Guten" und "die Bösen" aufteilt, verliert ihre Fähigkeit zur Empathie. Sie wird hart, unversöhnlich, selbstgerecht.

Und sie verliert ihre Vielfalt – denn echte Pluralität lebt davon, dass unterschiedliche Lebensentwürfe nebeneinander bestehen dürfen, ohne sich gegenseitig abwerten zu müssen.

Dieses Kapitel ist eine Einladung, die moralischen Muster unserer Zeit zu durchschauen. Nicht um sie abzulehnen, sondern um sie bewusst zu reflektieren. Moral ist wichtig – aber sie muss offen, diskutierbar und menschlich bleiben.

Wenn sie zu einem System der Ausgrenzung verkommt, dann zerstört sie genau das, was sie vorgibt zu schützen: das soziale Miteinander, die Freiheit des Einzelnen, und das Vertrauen in eine gerechte Gesellschaft.

Wir brauchen keine Öko-Inquisition, sondern ein neues Gesprächsklima – eines, das nicht von Schuld und Scham, sondern von Verständnis und Vernunft getragen ist. Denn nur so kann aus dem Spaltpilz der Öko-Moral wieder ein gemeinsames Fundament entstehen.

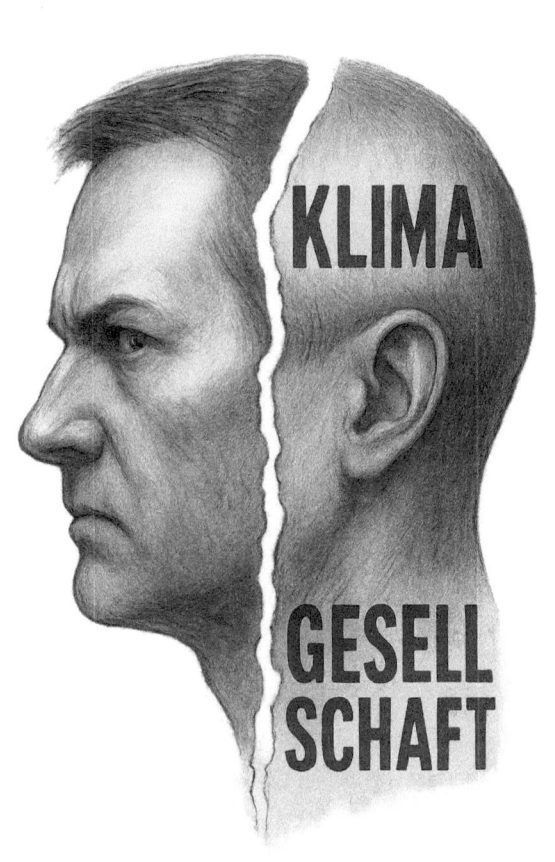

Kapitel 9

Der Klimanotstand als politisches Druckmittel

In der Geschichte der Menschheit gab es immer wieder Momente, in denen Krisen zum Vorwand wurden, um weitreichende politische Entscheidungen durchzusetzen.

Der Ausnahmezustand ist ein gefährliches Instrument – er erlaubt es der Regierung, Rechte einzuschränken, Strukturen zu verändern und Maßnahmen umzusetzen, die unter normalen Bedingungen niemals durchsetzbar wären.

Seit einigen Jahren erleben wir die Rückkehr dieses Ausnahmezustands – diesmal im grünen Gewand. Der sogenannte „Klimanotstand" ist zum politischen Druckmittel geworden, das auf subtile, aber wirkungsvolle Weise eine neue Form der Machtausübung legitimiert.

Zahlreiche Städte, Länder und internationale Organisationen haben bereits den Klimanotstand ausgerufen. Auf den ersten Blick mag das wie ein symbolischer Akt erscheinen – ein moralisches Statement, ein Weckruf. Doch in Wahrheit öffnet dieser Begriff ein Tor für weitreichende Eingriffe in das Leben der Bürger.

Denn wenn eine Krise zur permanenten Bedrohung erklärt wird, rechtfertigt sie auch permanente Maßnahmen. Der Ausnahmezustand wird zur Normalität – ein gefährlicher Zustand für jede freiheitliche Gesellschaft.

Der Begriff „Notstand" suggeriert, dass keine Zeit mehr bleibt. Dass Diskussion, Abwägung und demokratischer Prozess zu langsam sind. Stattdessen braucht es „schnelles Handeln", „konsequente Maßnahmen" und „klare Führung".

Was hier geschieht, ist eine Verschiebung der politischen Kultur: weg vom Aushandeln, hin zum Verordnen. Und wer gegen die Verordnung spricht, gilt nicht nur als Gegner der Politik, sondern als Feind der Menschheit.

Die Klimapolitik wird so zur Plattform für autoritäre Strukturen. Neue Gesetze werden eingeführt, ohne dass sie überhaupt diskutiert werden, oder auf Sinnhaftigkeit und echtem Nutzen für die Menschen geprüft werden.

Einschränkungen der Mobilität, Verteuerung von Lebensmitteln, Eingriffe in die Eigentumsrechte – all das wird mit der Notwendigkeit begründet, das Klima zu retten. Wer sich dagegen wehrt, wird als unvernünftig oder gar gefährlich gebrandmarkt. Die moralische Erpressung wirkt: Niemand will schuld sein an der Apokalypse.

Gleichzeitig bietet der Klimanotstand eine willkommene Gelegenheit, um politische Agenden durchzusetzen, die mit dem Klima an sich wenig zu tun haben. Ob globale Steuerpolitik, digitale Überwachung oder neue Formen von Kontrolle über Privatvermögen – all das wird plötzlich als „klimagerecht" verpackt und verkauft.

Die Agenda ist allumfassend – und sie wird unter dem Deckmantel der Notwendigkeit nahezu widerspruchslos akzeptiert.

Diese Entwicklung erinnert fatal an andere Phasen der Geschichte, in denen unter dem Vorwand einer Krise demokratische Strukturen ausgehöhlt wurden. Der Unterschied ist nur, dass der Klimanotstand keine zeitlich begrenzte Bedrohung ist.

Er ist – so wird behauptet – dauerhaft, allgegenwärtig, systemisch. Daraus ergibt sich die Rechtfertigung für ebenso dauerhafte Maßnahmen. Und damit für eine Politik, die nicht mehr auf Zustimmung, sondern auf Akzeptanz durch Erschöpfung setzt.

Doch Demokratie lebt von Debatte. Von Zeit, von Streit, von Pluralität. Wenn Entscheidungen nicht mehr ausgehandelt, sondern erlassen werden – mit Verweis auf den „Notstand" –, dann verändert sich das Verhältnis zwischen Bürger und Staat grundlegend. Es entsteht ein Klima der Ohnmacht, des Rückzugs, der Angst.

Ich appellier an dieser Stelle an alle, sich gegen diese schleichende Entwicklung zu wehren. Nicht, indem man den Klimawandel leugnet oder ökologisches Engagement verunglimpft – sondern indem man für politische Mündigkeit eintritt.

Für Verhältnismäßigkeit. Für Transparenz. Und für das Bewusstsein, dass kein Notstand – und sei er noch so dramatisch – die Grundlage einer freien Gesellschaft außer Kraft setzen darf.

Die Gesellschaft wird gespalten, ganz gezielt und bewusst. Das ist ein sehr altes Prinzip der Herrschenden. Schon die alten Römer kannten es: Divide et impera. Übersetzt heißt das: Spalte und herrsche.

Es funktionierte immer in der Geschichte der Menschheit. Und es funktioniert noch heute.

Dazu benötigt es stets eine besondere und extreme Situation. Meist wird diese inszeniert und mit Angst versehen. Und schon hat man einen heftigen Ausnahmezustand. Vor 5 Jahren hatten wir die Plandemie Corona, heute ist es der „menschgemachte Klimawandel.

Aber wir brauchen keinen permanenten Ausnahmezustand. Wir brauchen eine Politik, die auf Vertrauen statt Zwang setzt. Und eine Gesellschaft, die bereit ist, Verantwortung zu übernehmen – in Freiheit, nicht im Schatten der Angst.

Kapitel 10

Green Deal & Agenda 2030: Kontrolle im Namen des Klimas

Die Begriffe "Green Deal" und "Agenda 2030" werden in der öffentlichen Debatte fast schon reflexartig mit positiven Visionen verbunden: Nachhaltigkeit, Gerechtigkeit, Klimaschutz, soziale Verantwortung.

Wer möchte nicht in einer Welt leben, in der Umwelt und Wirtschaft im Einklang stehen, Armut beseitigt und Ressourcen gerecht verteilt werden?

Diese Ziele sind zweifellos nobel. Doch die Frage ist nicht, ob das Ziel wünschenswert ist – sondern mit welchen Mitteln es verfolgt wird und wem die Kontrolle über diese Mittel zufällt, bzw. ob diese denn tatsächlich erforderlich ist.

Der "European Green Deal" etwa, propagiert von der EU-Kommission, klingt zunächst wie ein ökologischer Fortschrittsplan. Er verspricht nichts Geringeres als die Umgestaltung unserer gesamten Wirtschaft und Lebensweise – hin zu „Netto-Null-Emissionen", „grünem Wachstum" und „nachhaltiger Transformation".

Doch hinter der Rhetorik von Harmonie und Verantwortung verbirgt sich ein beispielloses Projekt der Steuerung, Überwachung und Umverteilung. Es ist nicht nur ein ökologischer, sondern vor allem ein politischer und ökonomischer Umbruch – und zwar von oben nach unten.

Die Agenda 2030 der Vereinten Nationen geht noch weiter. Sie umfasst 17 sogenannte "Sustainable Development Goals" (SDGs), die weltweit umgesetzt werden sollen. Armut soll abgeschafft, Bildung für alle ermöglicht, Geschlechtergerechtigkeit hergestellt und der Klimawandel bekämpft werden.

Auch hier: alles scheinbar ehrenwerte Ziele. Doch auch hier gilt: Der Weg ist entscheidend. Und dieser Weg führt zunehmend über zentrale Planung, internationale Vorgaben, und den schleichenden Abbau nationalstaatlicher Selbstbestimmung.

Die Rhetorik der Agenda 2030 ist weichgespült und klingt humanitär. Doch wer die Dokumente genau liest, erkennt einen technokratischen Zugriff auf nahezu alle Lebensbereiche: Bildung, Energie, Finanzen, Landwirtschaft, Mobilität – nichts bleibt unberührt.

Alles soll im Sinne der „Nachhaltigkeit" gelenkt, reguliert und angepasst werden. Das bedeutet: Wer nicht in diese Form der Nachhaltigkeit passt, wird umstrukturiert – oder ausgegrenzt.

Der Green Deal ist dabei das europäische Werkzeug, um die Ziele der Agenda 2030 umzusetzen. Und genau hier zeigt sich die politische Brisanz:

Es handelt sich um eine von Eliten entworfene Gesamtstrategie, die tief in nationale Gesetzgebungen eingreift, demokratische Prozesse unter Druck setzt und eine neue Form der Kontrolle etabliert – nicht mit Panzern, sondern mit Paragrafen, nicht mit Gewalt, sondern mit Bürokratie.

Was nach Umwelt- und Sozialpolitik aussieht, ist in Wirklichkeit ein umfassender Umgestaltungsprozess – ein „Great Reset", wie ihn das Weltwirtschaftsforum ganz offen fordert. Alte Industrien werden systematisch entwertet, ganze Wirtschaftszweige ab- oder umgebaut, Eigentumsrechte werden neu definiert.

Im Namen der Klimagerechtigkeit wird eine neue soziale Ordnung etabliert, in der zentrale Steuerung wichtiger ist als individuelle Freiheit.

Besonders deutlich wird das in der Debatte um Finanzierungsmechanismen. "Grüne Anleihen", "Klimafonds" und "CO_2-Zertifikate" schaffen nicht nur neue Märkte, sondern auch neue Abhängigkeiten.

Internationale Großinvestoren und supranationale Institutionen übernehmen mehr und mehr Einfluss auf nationale Entscheidungen.

Wer Geld will, muss sich beugen – den Vorgaben, den Standards, den Berichten. Demokratie wird ersetzt durch Konditionalität. Es geht nicht mehr nach Leistung und Qualität, sondern nur nach Konformität.

Gleichzeitig wird die Sprache der Nachhaltigkeit als moralisches Druckmittel verwendet. Wer sich gegen bestimmte Maßnahmen ausspricht, wird schnell als „unsolidarisch" oder „verantwortungslos" gebrandmarkt.

Die Klimafrage wird nicht mehr verhandelt – sie wird durchgesetzt. Und sie dient als Legitimationsrahmen für eine Transformation, die vielen Menschen nicht bewusst ist, obwohl sie ihr Leben radikal verändert.

Dieses Kapitel ist ein Weckruf. Es will nicht die Ziele der Agenda 2030 in Frage stellen – wohl aber die Mittel, mit denen sie verfolgt werden. Denn wo Macht zentralisiert, Kritik delegitimiert und Alternativen ausgeschlossen werden, beginnt das Ende einer offenen Gesellschaft.

Eine nachhaltige Zukunft braucht Transparenz, Vielfalt und echte Partizipation – nicht technokratische Fremdsteuerung im grünen Gewand.

Wenn der Green Deal und die Agenda 2030 tatsächlich im Dienste der Menschen stehen sollten, dann müssen sie vom Menschen her gedacht werden – nicht vom System. Und das bedeutet: keine Politik der Angst, keine autoritäre Übergriffigkeit, keine moralische Erpressung. Sondern Dialog, Offenheit und Freiheit. Aber genau das ist ja nicht gewollt. Sie verkaufen es der Masse nur eben anders,

Die Zukunft, die uns versprochen wird, klingt vermeintlich verlockend. Doch der Preis, den wir dafür zahlen sollen, ist hoch. Es führt auf direktem Wege in eine unumkehrbare Diktatur, wie in China.

Mit meinem Buch hier, will aufwecken, alarmieren und helfen, diesen Preis zu erkennen und ihn nicht blindlings zu akzeptieren.

Kapitel 11

Digitaler CO₂-Fußabdruck: Der Weg zur Sozialkreditgesellschaft

In einer zunehmend digitalisierten Welt ist es kaum verwunderlich, dass auch der Klimaschutz mit technologischen Mitteln verknüpft wird. Was auf den ersten Blick wie ein logischer Fortschritt erscheint – effizientere Erfassung, Auswertung und Steuerung von Emissionen – offenbart bei näherem Hinsehen eine tiefgreifende Entwicklung: die schleichende Einführung eines digitalen Überwachungssystems unter dem Deckmantel des Umweltschutzes.

Der Begriff „digitaler CO₂-Fußabdruck" steht sinnbildlich für diese neue Phase der Kontrolle, in der das Verhalten des Einzelnen nicht nur beobachtet, sondern auch bewertet und gegebenenfalls sanktioniert werden kann.

Was bedeutet das konkret? Es bedeutet, dass jeder Konsumakt, jede Reise, jeder Energieverbrauch digital erfasst und einem Emissionswert zugeordnet wird. Die Vorstellung:

Wer viel fliegt, viel Auto fährt oder tierische Produkte konsumiert, hat einen höheren CO_2-Fußabdruck und muss dementsprechend kompensieren – sei es durch finanzielle Ausgleichszahlungen, durch Einschränkungen oder durch gesellschaftliche Nachteile.

Diese Logik ist nicht mehr weit entfernt von einem System, das an das chinesische Sozialkreditsystem erinnert – nur eben im grünen Gewand.

Bereits heute gibt es Pilotprojekte und Konzepte, in denen Kreditkartenanbieter ihre Kunden über die CO_2-Bilanz ihrer Einkäufe informieren. Einige Banken testen „klimafreundliche" Kreditkarten, bei denen nach Erreichen eines bestimmten Emissionslimits keine weiteren Transaktionen mehr möglich sind – zumindest temporär.

Was freiwillig beginnt, kann sich rasch in Richtung Zwang entwickeln. Denn was als moralische Orientierung dient, wird leicht zur gesellschaftlichen Erwartung – und schließlich zur Norm.

Der digitale CO_2-Fußabdruck ist dabei nicht nur eine Erfindung und ein Instrument der Selbstkontrolle. Er ist ein Werkzeug für Regierungen, Unternehmen und supranationale Institutionen, um das Verhalten der Bürger systematisch zu steuern.

In Kombination mit digitalen Zentralbankwährungen (CBDCs), digitalen Identitäten und dem Ausbau von Smart-City-Infrastrukturen entsteht ein System, das lückenlose Überwachung möglich macht – und mit der Legitimation des Klimaschutzes gesellschaftlich akzeptabel gemacht wird.

Es geht nicht mehr nur darum, ob ein Mensch Steuern zahlt oder sich gesetzeskonform verhält. Es geht darum, ob er sich „klimakompatibel" verhält – und wer darüber entscheidet, was das bedeutet.

Die Macht, solche Standards zu definieren, liegt zunehmend nicht mehr bei demokratisch gewählten Parlamenten, sondern bei Expertenkommissionen, Technokraten und wirtschaftlichen Lobbygruppen.

Hinzu kommt: Ein solches System setzt massive Datenmengen voraus. Der gläserne Bürger ist keine Dystopie mehr, sondern gelebte Realität. Bewegungsprofile, Kaufverhalten, Energieverbrauch – alles wird zur Messgröße.

Wer dabei aus dem Raster fällt, wer zu viel verbraucht, zu viel besitzt oder zu oft reist, kann schnell zum „Problemfall" werden. Die Folge ist nicht nur Kontrolle, sondern auch eine neue Art von Diskriminierung: eine digitale Klassengesellschaft basierend auf CO_2-Werten.

Diese Entwicklung geschieht schrittweise, fast unbemerkt. Sie wird flankiert von PR-Kampagnen, Apps, Bonusprogrammen und der Erzählung vom „verantwortungsvollen Verbraucher". Doch in Wahrheit geht es um die Implementierung eines Systems, das nicht nur das Klima schützen, sondern auch Macht sichern soll. Diejenigen, die die Daten kontrollieren, kontrollieren die Regeln – und damit das Verhalten der Menschen.

Die kritische Frage ist: Wollen wir in einer Welt leben, in der jeder Aspekt unseres Alltagsverhaltens klimatisch bewertet wird? In der unser soziales Ansehen, unser Zugang zu Ressourcen und unser finanzieller Spielraum von einem Algorithmus bestimmt wird?

Eine solche Gesellschaft wäre nicht nur unfrei, sondern auch zutiefst unmenschlich – weil sie den Einzelnen auf seinen ökologischen Nutzwert reduziert und damit entmündigt.

Dieses Kapitel soll eine Warnung sein. Nicht vor Technologie an sich, sondern vor ihrer missbräuchlichen Nutzung. Digitalisierung kann hier und da mal auch ein Segen sein, wenn sie dem Menschen dient.

Aber wenn sie zur Grundlage eines neuen, grün lackierten Überwachungsstaates wird, dann steht nicht das Klima, sondern die Freiheit von uns allen auf dem Spiel. Und genau deshalb ist es notwendig, jetzt laut zu werden. Bevor aus Möglichkeiten Zwänge, aus Anreizen Strafen und aus Freiheit Vergangenheit wird.

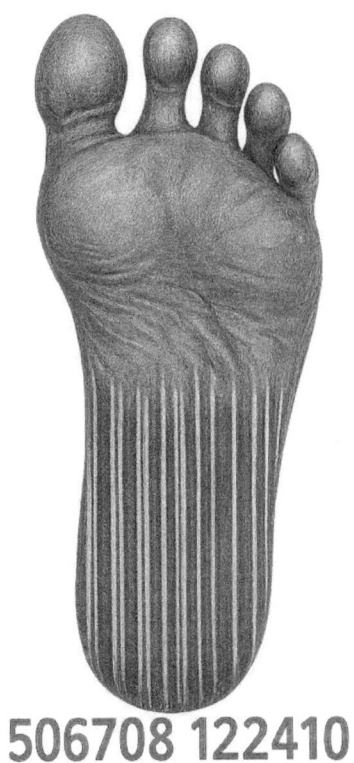

506708 122410

Kapitel 12

Die Parallelen zur Corona-Politik

Wenn wir über gesellschaftliche Kontrollmechanismen im Namen des Klimas sprechen, kommen wir an einem hier bereits angesprochenen Thema nicht vorbei: der Corona-Krise. Die Jahre 2020 bis 2022 haben uns eindrücklich vor Augen geführt, wie schnell eine demokratisch verfasste Gesellschaft ganz gezielt und bewusst in einen Ausnahmezustand überführt werden kann.

Die Pandemie war für viele ein Schock, für andere eine ein Testlauf. Was während der Corona-Zeit politisch, medial und gesellschaftlich etabliert wurde, findet nun eine verblüffende Wiederholung – im Gewand der Klimapolitik.

Zunächst ist da die Sprache. Während der Pandemie war ständig von „Solidarität", „Verantwortung" und „Schutz der Schwächsten" die Rede. Wer Fragen stellte, wurde nicht etwa in einen Diskurs eingebunden, sondern moralisch ausgegrenzt. Heute erleben wir die gleiche Rhetorik in der Klimadebatte:

Wer sich nicht dem Klimakurs unterordnet, gilt als rückständig, unsolidarisch, Verschwörungstheoretiker oder sogar gefährlich. Die Debattenkultur, die ohnehin auf wackligen Beinen stand, ist vollends moralisch aufgeladen worden.

Auch die Mechanismen ähneln sich frappierend. Ausgangssperren, Kontaktverbote, Maskenpflicht – all das wurde mit wissenschaftlicher Notwendigkeit begründet, obwohl alle dieser Maßnahmen rückblickend nicht nötig waren und sogar schweren Schaden anrichteten.

In der Klimapolitik sprechen wir heute über Heizverbote, Fahrverbote, Flugverbote – ebenfalls im Namen der Wissenschaft, aber mit teils zweifelhaftem Nutzen. Der Unterschied: Während die Corona-Maßnahmen als temporär galten, werden die Klimamaßnahmen als dauerhaft verkauft. Die Krise ist also nicht nur vorübergehend, sie ist das neue Normal. Also dauerhaft.

Ein weiterer zentraler Punkt ist die Rolle der Angst. Während der Plandemie wurde mit teils gefälschten Bildern überfüllter Intensivstationen, Särge aus Bergamo und täglichen Todeszahlen eine Atmosphäre der Panik erzeugt. Heute sind es brennende Wälder, schmelzende Polkappen und Kipppunkte, die uns in den Medien begegnen.

Der Effekt ist derselbe: Angst lähmt. Und wer Angst hat, fragt nicht – er gehorcht einfach und folgt der Masse.

Hinzu kommt die Bedeutung der digitalen Instrumente. In der Corona-Zeit waren es Tracking-Apps, digitale Impfpässe und QR-Codes. Heute diskutieren wir über digitale CO_2-Ausweise, Smart-Meter und „klimafreundliche" Verhaltensboni und Autos mit Totalüberwahung.

In allen Fällen geht es um das Gleiche: Kontrolle durch Technologisierung. Und wieder geschieht das unter dem Banner der Sicherheit – sei es gesundheitlich oder ökologisch.

Auch die gesellschaftliche Spaltung, die wir in der Pandemie erlebt haben, kehrt zurück – oder sie war wohl nie ganz weg. Geimpft gegen ungeimpft, Klimaschützer gegen Klimasünder, Konforme gegen Kritiker.

Diese Dichotomien werden gezielt verstärkt, oft mit Hilfe der Medien, die ihre Rolle als vierte Gewalt längst verloren zu haben scheinen. Wer nicht ins Bild passt, wird ausgegrenzt – im schlimmsten Fall öffentlich diffamiert, beruflich ruiniert oder digital gelöscht.

Schließlich sind da noch die internationalen Netzwerke. Sowohl während Corona als auch in der Klimapolitik spielen supranationale Institutionen eine übergroße Rolle: WHO, WEF, EU, UN. Nationale Parlamente geraten ins Hintertreffen, Entscheidungen werden zunehmend in

Gremien getroffen, die keiner direkten demokratischen Kontrolle unterliegen.

Die Bürger werden zu Zuschauern eines globalen Planspiels, in dem sie bestenfalls noch als Zahl in einem Nachhaltigkeitsbericht auftauchen.

Was also lernen wir aus diesen Parallelen? Vor allem eines: Die Techniken der Kontrolle sind erprobt, eingeübt und nun bereit für die nächste Anwendung. Die Pandemie hat gezeigt, wie formbar, wie ängstlich, aber auch wie gehorsam moderne Gesellschaften sein können.

Und dieses Wissen wird nun genutzt – nicht um die Menschen zu schützen, sondern um sie zu steuern.

Wer die Mechanismen der Corona-Zeit verstanden hat, wird die Klimapolitik mit anderen Augen sehen. Es geht nicht darum, jedes Ziel zu verwerfen, sondern jeden Weg zu hinterfragen. Freiheit ist kein Luxusgut. Sie ist der Prüfstein jeder Maßnahme.

Und wer sie aufgibt – aus Angst, aus Bequemlichkeit, aus moralischem Druck –, der wird sie in seinem Leben nicht mehr zurückbekommen. Das muss jedem klar sein.

Deshalb ist die Aufgabe unserer Zeit nicht, blind den nächsten Ausnahmezustand zu akzeptieren – sondern den Mut zu haben, ihn zu hinterfragen. Echte Demokratie braucht diesen Mut. Sie braucht Menschen, die sich zur Wehr setzen und einfach nicht mehr mitmachen.

Je mehr es sind, desto eher ist die Chance da, dass wir nicht unsere Freiheit komplett verlieren.

Wehrt Euch! JETZT dringender denn je, bevor es dann wirklich zu spät ist

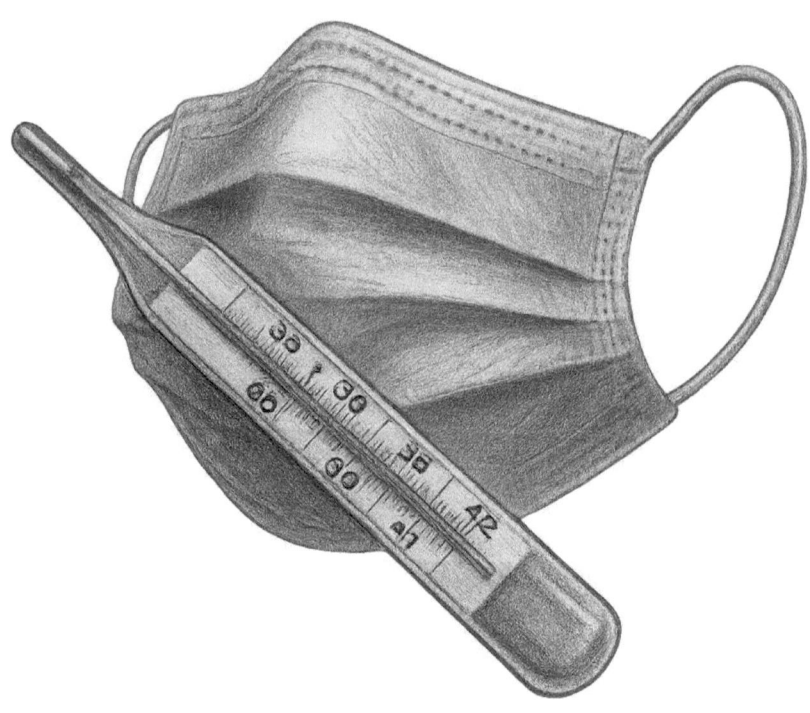

Kapitel 13

Von der Klima-Angst zur Öko-Diktatur

Es beginnt immer mit einem vermeintlich guten Vorsatz. Mit einem Appell an unser Mitgefühl, an unsere Verantwortung, an das, was wir für moralisch richtig halten. "Wir müssen das Klima schützen!" Wer würde da widersprechen wollen? Natürlich müssen wir sorgsam mit unserer Umwelt umgehen, Verschwendung und Vermüllung vermeiden.

Aber wie schon erwähnt, Umweltschutz und Klima sind zwei verschieden paar Schuhe. Doch genau hier liegt die Gefahr.

Denn wo ein Ziel von niemandem mehr infrage gestellt wird, da wird der Weg zu diesem Ziel kaum noch kritisch hinterfragt. Und so entsteht – schleichend, nahezu unmerklich – aus einer gut gemeinten Absicht ein System der Kontrolle, das immer totalitärere Züge annimmt.

Die heutige Klimapolitik ist längst kein politisches Handlungsfeld mehr unter vielen. Sie ist zur alles überragenden Richtschnur geworden, an der sich nahezu jede Entscheidung orientieren muss. Ob Wirtschaft, Bildung, Energie, Verkehr oder sogar Gesundheitsversorgung – überall wird die Frage gestellt: Ist das klimaneutral? Ist das nachhaltig? Ist das im Sinne der Transformation?

Was zunächst wie ein verantwortungsbewusster Ansatz wirkt, entpuppt sich in der Praxis immer mehr als ein Korsett, das jegliche Abweichung vom vorgegebenen Pfad unter Strafe stellt – sei es gesellschaftlich, finanziell oder sogar rechtlich. Wäre es wirklich so, wie immer dargestellt, bräuchte man keine diktatorischen Maßnahmen gegen die Menschheit.

Die Instrumente dieser neuen Öko-Diktatur sind vielfältig – und wirken auf den ersten Blick oft harmlos. Da ist etwa die CO_2-Besteuerung, die Produkte und Dienstleistungen künstlich verteuert, um ein „richtiges" Konsumverhalten zu erzwingen.

Da ist die flächendeckende Einführung von Smart Metern, die jeden Stromverbrauch exakt erfassen und in Echtzeit melden. Meist mit großen Fehlern zu Ungunsten der Verbraucher, die keinerlei eigene Kontrolle mehr über ihren Stromverbrauch haben.

Wird die Ableseart über digitale Fernablesung in Frage gestellt oder gar verweigert, wird die Stromlieferung abgestellt. Wer nicht gehorcht, wird bestraft.

Da sind Mobilitätsplattformen, die analysieren, wie oft wir mit welchem Verkehrsmittel wohin fahren. Und da sind zunehmend verpflichtende Nachhaltigkeitsberichte – für Unternehmen, aber perspektivisch auch für Bürger. Das Ziel: vollständige Transparenz. Und vollständige Steuerung.

Es sind Entwicklungen, die sich nicht durch Gesetze allein vollziehen, sondern durch einen tiefgreifenden Wandel im Denken. Die Menschen werden nicht mehr nur durch Regeln gelenkt, sondern durch Moral.

Wer klimafreundlich lebt, wird belohnt – durch gesellschaftliche Anerkennung, durch finanzielle Vorteile und durch Zugang zu bestimmten Ressourcen.

Wer sich dem verweigert, wird – ganz gleich, wie gesetzestreu er ist, wird direkt zum Problemfall erklärt. Es ist eine neue Form der sozialen Selektion, die nicht auf Herkunft, Religion oder Geschlecht beruht, sondern auf klimatischer Konformität.

Diese Entwicklung wird flankiert von einer medialen Dauerbeschallung, die jeden Widerspruch moralisch delegitimiert. Wer die Maßnahmen kritisiert, gilt als „Klimaleugner", als „rechts", als „Wissenschaftsfeind".

Die Diskussion wird ersetzt durch Etikettierung, die Auseinandersetzung durch Abgrenzung. Kritische

Stimmen, auch aus der Wissenschaft, verlieren Förderungen, werden aus Institutionen gedrängt oder in sozialen Medien gesperrt.

Es entsteht eine Atmosphäre, in der nicht mehr diskutiert, sondern nur noch gehorcht wird – und das unter dem Banner der Wissenschaft, die eigentlich offen und kritisch sein sollte.

Besonders beunruhigend ist dabei die Geschwindigkeit, mit der diese Entwicklung voranschreitet. Was gestern noch als „übertrieben" galt, ist heute Standard. Was heute als „freiwillig" propagiert wird, ist morgen verpflichtend.

Die Bürger werden schrittweise an neue Normen gewöhnt – bis sie nicht mehr bemerken, dass sie sich in einem komplett neuen System befinden. Einem System, das nicht mehr auf Eigenverantwortung basiert, sondern auf Disziplinierung. Einem System, das nicht mehr Freiheit schützt, sondern Verhalten reguliert.

Der Begriff „Öko-Diktatur" mag drastisch klingen. Aber er beschreibt exakt, was geschieht, wenn ökologische Zielsetzungen zur Grundlage von Machtstrukturen werden, die sich jeder demokratischen Kontrolle entziehen.

Wenn Parlamente durch Verordnungen ersetzt, Bürger durch Algorithmen bewertet und Meinungen durch Narrative ersetzt werden. Es ist eine stille Diktatur – eine, die nicht mit Gewalt kommt, sondern mit Wohlklang. Eine, die nicht schreit, sondern flüstert: „Es ist doch zu deinem Besten."

Doch die Geschichte hat gezeigt: Kein autoritäres System beginnt mit dem Ruf nach Unterwerfung. Es beginnt mit dem Versprechen auf Sicherheit. Auf Schutz. Auf eine bessere Welt.

Und genau deshalb ist Wachsamkeit so wichtig. Denn die größte Gefahr für die Freiheit ist nicht der offene Angriff – sondern die schleichende Aushöhlung unter dem Deckmantel der Vernunft.

Dieses Kapitel will nicht entmutigen. Es will ermutigen – zum Nachdenken, zum Widerspruch, zum Handeln. Denn wir stehen an einem Wendepunkt. Wir können uns entscheiden:

Für eine Gesellschaft der Angst, der Kontrolle, der Anpassung – oder für eine Gesellschaft der Freiheit, der Vielfalt, des offenen Diskurses. Der Weg in die Öko-Diktatur ist nicht vorgezeichnet. Er ist eine Möglichkeit – aber keine Notwendigkeit.

Noch können wir umkehren. Noch können wir das Ruder herumreißen. Doch dafür müssen wir bereit sein, unbequeme Wahrheiten auszusprechen.

Wir müssen aufhören, uns in Sicherheit zu wiegen, und anfangen, Verantwortung zu übernehmen. Nicht nur für das Klima – sondern für das, was uns als Menschen ausmacht: unsere Freiheit, unser Denken, unsere Würde.

Kapitel 14

Eliten, NGOs und supranationale Machtspiele

Wenn man verstehen will, wie es dazu kommen konnte, dass sich ein wissenschaftlich komplexes Thema wie der Klimawandel in eine globale politische Agenda verwandelte – getragen von nahezu allen großen Institutionen, Regierungen, Konzernen und Medien –, dann muss man einen Blick hinter die Kulissen werfen.

Man muss sich mit den Akteuren beschäftigen, die maßgeblich an dieser Entwicklung beteiligt sind, und sich die Frage stellen: Wer profitiert von dieser Agenda? Wer lenkt sie? Und mit welchen Mitteln?

Die Vorstellung, dass Klimapolitik ein reines Ergebnis wissenschaftlicher Einsicht ist, ist naiv. Tatsächlich handelt es sich um ein Netzwerk aus mächtigen Eliten, supranationalen Organisationen, wirtschaftlich bestens vernetzten Nichtregierungsorganisationen (NGOs) und Stiftungen, die sich das Thema Klima zunutze gemacht haben, um ihre politischen und wirtschaftlichen Interessen durchzusetzen.

Der Klimadiskurs wurde nicht von unten geführt – er wurde von oben orchestriert.

Beginnen wir mit den supranationalen Organisationen. Die Vereinten Nationen mit ihrer Agenda 2030, die Europäische Union mit ihrem Green Deal, das Weltwirtschaftsforum mit dem "Great Reset" – sie alle verwenden das Klimathema als zentrale Rechtfertigung für tiefgreifende gesellschaftliche Transformationen.

Diese Organisationen agieren jenseits nationaler Kontrolle, sie unterliegen kaum demokratischer Rechenschaft und besitzen doch gewaltigen Einfluss. Sie entwerfen Leitlinien, setzen Standards, vernetzen Entscheidungsträger. Wer sich diesen Agenden widersetzt, gerät schnell ins politische Abseits.

Zentral dabei ist das Weltwirtschaftsforum (WEF). Jährlich treffen sich in Davos Vertreter aus Politik, Wirtschaft, Wissenschaft und Medien, um über die "Zukunft der Welt" zu beraten. Dabei werden nicht nur Impulse gesetzt – es werden ganze Fahrpläne entworfen.

Unter Schlagworten wie "Stakeholder-Kapitalismus" oder "Build Back Better" wird eine neue Weltordnung propagiert, in der die großen Konzerne, Stiftungen und Finanzinstitutionen eine führende Rolle übernehmen. Demokratie, Nationalstaat und bürgerliche Freiheit treten dabei zunehmend in den Hintergrund.

Ein besonders einflussreicher Akteur in diesem Spiel sind die großen Stiftungen: Rockefeller Foundation, Bill & Melinda Gates Foundation, Bloomberg Philanthropies, um nur einige zu nennen.

Diese Organisationen verfügen über Milliardenbudgets, fördern gezielt Forschung, Medienprojekte und politische Programme, die ihren Agenden entsprechen.

Viele der Studien, auf die sich die Klimapolitik stützt, wurden mit Geldern solcher Stiftungen finanziert. Auch NGOs, die sich als unabhängig präsentieren, sind oftmals wirtschaftlich eng mit diesen Kreisen verknüpft.

Und dann wären da noch die großen Umweltorganisationen selbst – Greenpeace, WWF, Fridays for Future. Auch sie agieren längst nicht mehr als rein idealistische Bewegungen, sondern als politische Akteure mit enormem Einfluss.

Sie beraten Regierungen, beeinflussen Gesetzgebungsverfahren, starten Medienkampagnen, organisieren Massenproteste.

Dabei bedienen sie sich zunehmend aggressiver Rhetorik: Die Welt geht unter, wenn ihr nicht sofort handelt. Wer sich nicht beugt, ist mitschuldig.

Diese Verflechtungen zwischen NGOs, Politik, Medien und Konzernen sind kein Zufall – sie sind Ausdruck eines neuen globalen Machtgefüges. Der "Klima-Komplex" ist ein Machtkomplex.

Es geht nicht mehr um die Frage, wie wir nachhaltig leben können, sondern darum, wer über diesen Lebensstil entscheidet. Und diese Entscheidungen werden zunehmend von Menschen getroffen, die keinem Bürger, keinem Wähler und keinem Parlament Rechenschaft schulden.

Man muss kein Verschwörungstheoretiker sein, um diese Entwicklungen kritisch zu sehen. Es reicht, ein wacher Bürger zu sein.

Denn Macht ohne Kontrolle ist immer gefährlich – auch, oder gerade dann, wenn sie mit moralischem Anspruch daherkommt.

Wenn eine kleine Elite vorgibt, im Namen der gesamten Menschheit zu sprechen, dann ist Misstrauen keine Schwäche, sondern eine demokratische Pflicht.

Ich will mi diesem Kapitel kein pauschales Misstrauen säen. Ich möchte vielmehr ein Bewusstsein schaffen für die Strukturen hinter dem schönen Schein. Für die Interessen hinter der Rhetorik. Für die Profiteure einer Agenda, die sich als uneigennützig inszeniert.

Wer sich wirklich für Umwelt und Gerechtigkeit einsetzt, muss bereit sein, auch die dunklen Seiten der Klimapolitik zu beleuchten – und sich der unbequemen Wahrheit zu stellen: dass nicht jeder, der von der Rettung der Welt spricht, tatsächlich unser Bestes im Sinn hat.

Denn echte Nachhaltigkeit kann es nur geben, wenn sie auf Wahrheit, Freiheit und Transparenz basiert – nicht auf Manipulation, Kontrolle und Machtspielen.

Es ist wirklich an der Zeit, hinter die Kulissen zu blicken. Und den Mut zu haben, auch das auszusprechen, was nicht gesagt werden darf.

Kapitel 15

Der Preis der Täuschung – Wirtschaftlicher Ruin im grünen Gewand

Inmitten der andauernden Rufe nach Klimagerechtigkeit und ökologischer Transformation findet ein Thema viel zu selten den Platz, den es verdient: die ökonomischen Folgen einer ideologisch gesteuerten Klimapolitik. Dabei sind die Auswirkungen auf Wohlstand, Arbeitsplätze, Versorgungssicherheit und den sozialen Frieden gravierend – nur spricht kaum jemand darüber.

Wer darauf hinweist, gilt als Verhinderer, Bremser, Fortschrittsfeind. Doch die Realität lässt sich nicht ewig verdrängen: Der Preis für die sogenannte grüne Wende ist hoch – in vielen Fällen sogar existenzbedrohend.

Es beginnt bei der Energiepolitik. Die forcierte Abkehr von fossilen Energieträgern, ohne über marktreife Alternativen in ausreichender Kapazität zu verfügen, führt zwangsläufig zu steigenden Energiepreisen, Versorgungslücken und Abhängigkeiten von unzuverlässigen internationalen Partnern.

Die Abschaltung von Kohle- und Kernkraftwerken in Deutschland bei gleichzeitigem Ausbau wetterabhängiger Energiequellen wie Wind und Solar hat genau das bewirkt: Strom wird teurer, instabiler, knapper. Unternehmen verlieren ihre Wettbewerbsfähigkeit. Produktionsstandorte wandern ab – erst schleichend, dann fluchtartig.

Zugleich werden Milliarden in fragwürdige Technologien investiert, deren Effizienz weder bewiesen noch wirtschaftlich tragfähig ist. Die Wasserstoffstrategie etwa verspricht vieles, doch beruht sie größtenteils auf theoretischen Szenarien und Wunschdenken.

Ähnliches gilt für sogenannte CO_2-Speicherprojekte oder Smart Grid-Infrastrukturen. Es entstehen neue Industrien, aber nicht durch Innovation, sondern durch Subvention – durch künstlich geschaffene Märkte, die sich nur durch politische Rückendeckung am Leben halten können.

Hinzu kommt ein enormer bürokratischer Aufwand, der Unternehmen lähmt, Innovationen verhindert und Ressourcen bindet. Nachhaltigkeitsberichte, ESG-Vorgaben, Umweltzertifikate – all das kostet Zeit, Geld und Personal. Kleine und mittelständische Unternehmen werden überfordert, während große Konzerne sich durch geschickte PR und Greenwashing Vorteile verschaffen. Die soziale Marktwirtschaft verwandelt sich in ein System politisch motivierter Planwirtschaft. Und wieder ist es die Mittelschicht, die den Preis zahlt.

Doch nicht nur die Wirtschaft leidet. Auch die Bürger spüren die Folgen – an der Zapfsäule, bei der Heizrechnung, im Supermarkt. Der CO_2-Preis verteuert nicht nur das Autofahren, sondern sämtliche Waren, die transportiert oder verarbeitet werden. Heizkosten steigen durch neue Auflagen und Dämmvorschriften.

Der Umbau auf E-Mobilität trifft vor allem jene, die sich kein neues Auto leisten können. Und wenn ganze Regionen durch Windparks oder Photovoltaik-Felder verschandelt werden, sinken nicht nur die Immobilienwerte, es wächst auch der Unmut in der Bevölkerung. Ganz davon abgesehen, dass es alles, sowohl ökonomisch als auch ökologisch totaler Nonsens ist.

Diese Entwicklung ist nicht zufällig, sondern systemimmanent. Denn die grüne Transformation, wie sie derzeit betrieben wird, setzt auf Umverteilung – nicht auf Effizienz. Sie bestraft produktive Tätigkeiten und belohnt Ideologietreue.

Sie zerstört den bewährten industriellen Mittelstand zugunsten globaler Großkonzerne und staatsnaher Organisationen. Und sie untergräbt langfristig das Vertrauen in die soziale Gerechtigkeit.

Dabei wird die Debatte oft bewusst verzerrt. Wer auf diese Missstände hinweist, wird moralisch diskreditiert. Man wirft ihm vor, „gegen das Klima" zu sein. Doch es geht nicht um das Klima – es geht um Vernunft. Um Machbarkeit.

Um ein Gleichgewicht zwischen Ökologie, Ökonomie und gesellschaftlicher Stabilität. Eine grüne Politik, die diese Balance ignoriert, gefährdet nicht nur den Wohlstand, sondern auch den sozialen Frieden.

Besonders problematisch ist die Tatsache, dass diese Entwicklungen mit einem Erzählrahmen verkauft werden, der kaum mehr Raum für Kritik lässt. Es herrscht eine Art sakraler Klimakonsens, der jeden Zweifel mit Verdammung beantwortet.

Die Kosten des Umbaus werden als notwendig dargestellt, die Opfer als alternativlos. Dabei ist Alternativlosigkeit das Ende jeder demokratischen Debatte – und der Anfang autoritärer Verhältnisse.

Dieses Kapitel ist ein Versuch, diese Erzählung zu durchbrechen. Es will zeigen, dass eine Politik, die sich ausschließlich an CO_2-Werten orientiert, keine nachhaltige Politik ist – sondern eine gefährliche Sackgasse.

Es will die ökonomischen Realitäten benennen, die hinter der grünen Fassade verborgen werden. Und es will deutlich machen: Der Preis der Täuschung ist hoch. Viel zu hoch, um weiter zu schweigen.

Wer für echten Klimaschutz eintritt, muss bereit sein, auch über wirtschaftliche Vernunft zu sprechen. Über Technologieoffenheit. Über Versorgungssicherheit. Über das, was Menschen brauchen, um ein gutes, freies Leben zu führen.

Eine Politik, die das nicht tut, dient nicht dem Klima – sie dient einer Agenda. Und diese Agenda hat ein Preisschild.

Ein Preisschild, das am Ende wir alle zahlen – in Euro, in Arbeitsplätzen und in Lebensqualität.

Kapitel 16

Psychologie der Angst: Wie Massenmeinungen gesteuert werden

Es ist kein Zufall, dass viele politische und gesellschaftliche Umbrüche mit der Mobilisierung von Angst einhergehen. Angst ist ein mächtiges Gefühl – sie aktiviert uralte Überlebensinstinkte, sie schaltet den rationalen Verstand aus, sie erzeugt Konformität und Gehorsam.

Wer Angst hat, sucht Schutz – nicht Wahrheit. Und wer Schutz verspricht, erhält Vertrauen – auch dann, wenn er es gar nicht verdient.

In den letzten Jahren haben wir erlebt, wie Angst systematisch zur Steuerung gesellschaftlicher Prozesse genutzt wurde. Während der Corona-Krise war es die Angst vor Krankheit und Tod. In der Klimadebatte ist es die Angst vor Hitzewellen, Dürre, Überschwemmung, Weltuntergang.

Diese Angst wird nicht zufällig erzeugt – sie wird kultiviert. Durch Sprache, durch Bilder, durch Wiederholung.

Begriffe wie "Kipppunkte", "Klimakatastrophe", "irreversibel" sind keine neutralen Begriffe. Sie erzeugen Dringlichkeit, sie erzeugen Ohnmacht.

Hinzu kommen dramatische Bildwelten – brennende Wälder, verdurstete Tiere, weinende Kinder. Die emotionale Wirkung dieser Bilder ist enorm.

Und sie wird gezielt eingesetzt, um politische Botschaften zu transportieren, Kritik zu neutralisieren und Zustimmung zu erzeugen.

Dabei wissen Kommunikationsstrategen längst, wie Massenmeinungen entstehen. Sie wissen, dass Menschen in Gruppen selten rational handeln, sondern sich an Meinungen orientieren, die ihnen sozial anerkannt erscheinen. Deshalb wird Angst mit einem zweiten Faktor kombiniert: mit dem moralischem Druck.

Wer sich nicht ängstigt, der hat nicht verstanden. Wer nicht versteht, dem fehlt das Mitgefühl. Wer kein Mitgefühl zeigt, ist gefährlich. So wird aus einem kritischen Bürger schnell ein Feind der Menschheit.

In dieser Dynamik spielen die Medien eine zentrale Rolle. Sie definieren, worüber gesprochen wird – und wie. Sie liefern nicht nur Informationen, sondern Deutungsmuster. Ein heißer Sommer wird nicht als Wetterphänomen, sondern als Symptom der globalen Erwärmung gedeutet.

Ein Unwetter ist kein Naturereignis, sondern Beweis für das Versagen der Politik. Jeder Einzelmoment wird in den großen Erzählstrang eingespeist – die Apokalypse ist nie fern, der Schuldige immer klar: der Mensch. Oder genauer: der westliche, wohlhabende Konsument.

Hinzu kommen psychologische Phänomene wie die "Pluralistische Ignoranz" – das Gefühl, mit einer Meinung allein zu sein, obwohl viele andere ähnlich denken.

Oder der "Konformitätsdruck" – die Neigung, die eigene Meinung an die vermeintliche Mehrheitsmeinung anzupassen.

Diese Mechanismen führen dazu, dass viele Menschen schweigen, obwohl sie Zweifel haben. Sie äußern sich nicht – aus Angst, aus Scham, aus Sorge um ihren sozialen Status.

Die Wissenschaft nennt dieses Phänomen "Spirale des Schweigens". Sie beschreibt, wie Meinungen verschwinden, weil sie nicht mehr geäußert werden – und so den Eindruck verstärken, es gäbe keine Alternativen.

In der Klimadebatte ist diese Spirale weit fortgeschritten. Kritische Stimmen existieren zwar, aber sie werden kaum gehört und in der breiten Mainstream Landschaft nicht zugelassen.

Sie finden keinen Platz in den großen Talkshows, sie erscheinen nicht auf den Titelseiten. Und wenn doch, dann nur als abschreckendes Beispiel und mit verheerendem Verriss.

Dabei ist Angst an sich nichts Schlechtes. Sie hat eine wichtige Funktion – sie warnt, sie schützt, sie mobilisiert.

Doch wenn Angst zur dauerhaften Grundstimmung wird, dann zerstört sie die Gesellschaft. Menschen, die dauerhaft in Angst leben, verlieren ihre Urteilskraft, ihr Vertrauen, ihre Freiheit.

Sie suchen Halt in einfachen Lösungen, in starken Führern, in moralischen Erzählungen. Und genau das macht Angst so abartig attraktiv für Machtpolitiker.

Ich möchte mit diesem Kapitel einen Beitrag dazu leisten, die Mechanismen dieser Angst zu verstehen. Es will zeigen, wie subtil, aber wirkungsvoll Meinungen geformt werden.

Und es will Mut machen, sich aus dieser Dynamik zu befreien.

Denn Aufklärung bedeutet nicht, keine Angst zu haben – sondern sie zu erkennen, sie zu verstehen und sie in Verhältnis zu setzen. Eine aufgeklärte Gesellschaft lässt sich nicht durch Bilder steuern, sondern durch Argumente.

Wir brauchen nicht weniger Emotion, sondern mehr Verstand. Nicht weniger Sorge, sondern mehr Zuversicht.

Nicht weniger Verantwortung, sondern mehr Freiheit.

Denn nur eine freie Gesellschaft kann echte Lösungen finden – jenseits von Panik, jenseits von Schuld, jenseits von Angst.

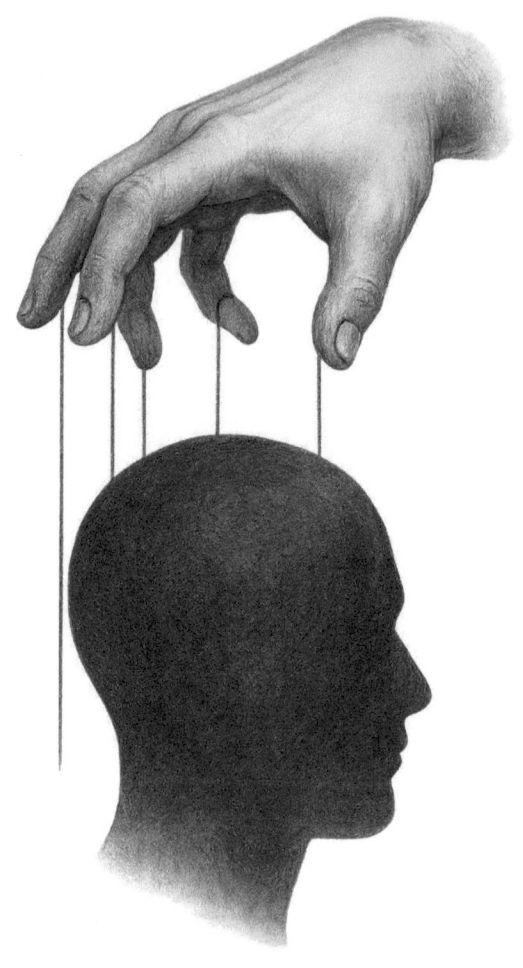

Kapitel 17

Menschengemachter Klimawandel
ist
menschengemachter Klimaschwindel

Es gibt Formulierungen, die allein durch ihre Kraft provozieren. "Menschengemachter Klimawandel ist menschengemachter Klimaschwindel" gehört zweifellos dazu. Sie berührt einen wunden Punkt in einem Diskurs, der längst keine offene Debatte mehr kennt, sondern einem Dogma gleicht.

Wer diesen Satz ausspricht, verlässt den Raum der politischen Korrektheit und betritt ein Terrain, das von Skepsis, Fakten, aber auch von Anfeindungen geprägt ist. Doch genau deshalb ist es notwendig, ihn hier zu platzieren und zu untersuchen – offen, mutig, ohne Angst vor Etiketten.

Zunächst sei betont: Es geht nicht darum, den Klimawandel als solchen zu leugnen. Das Klima wandelt sich – seit Milliarden Jahren. Es gab Eiszeiten und Warmzeiten, es gab Phasen mit höherem CO_2-Gehalt in der Atmosphäre als heute. Der Planet Erde ist ein dynamisches, sich ständig veränderndes System.

Doch die zentrale Frage ist nicht, ob sich das Klima verändert – sondern ob der Mensch der Hauptverursacher dieser Veränderung ist und ob die politischen Schlussfolgerungen aus dieser Annahme gerechtfertigt sind.

Die Antwort, die von Medien, Politik und internationalen Organisationen wie ein Mantra wiederholt wird, lautet: Ja. Die Erderwärmung sei menschengemacht, die Ursache sei das vom Menschen ausgestoßene CO_2, und nur durch eine drastische Reduktion dieser Emissionen könne die Katastrophe abgewendet werden.

Diese Erzählung ist einfach, griffig und medientauglich. Doch gerade ihre Simplizität ist verdächtig – denn die Realität ist weit komplexer.

Beginnen wir bei der Wissenschaft. Die sogenannte "Klimawissenschaft" beruht zu großen Teilen auf Modellrechnungen – auf Computersimulationen, die auf Annahmen, Parametern und historischen Daten beruhen.

Diese Modelle sind notwendig, um Prognosen zu erstellen, doch sie sind nicht die Wirklichkeit. Und viele dieser Modelle lagen in der Vergangenheit deutlich daneben. Die vorhergesagten Temperaturanstiege blieben oft aus, Eisschmelzen fanden langsamer statt als befürchtet, Extremwetterereignisse nahmen nicht wie prognostiziert zu.

Dennoch wurden die Modelle nie grundlegend hinterfragt – stattdessen passte man sie im Nachhinein an. Wissenschaftlich sauber ist das nicht.

Ein weiterer Punkt: Der menschliche Anteil am CO_2 in der Atmosphäre ist relativ gering. Über 95 Prozent des in der Atmosphäre vorhandenen Kohlendioxids stammt aus natürlichen Quellen – aus Vulkanen, Ozeanen, Böden und der Atmung von Lebewesen.

Der menschliche Anteil liegt bei rund 4 Prozent. Selbst wenn man davon ausgeht, dass dieser Anteil einen Effekt hat – ist er groß genug, um die dramatischen Veränderungen zu verursachen, die uns täglich präsentiert werden?

Hinzu kommt die Geschichte des CO_2 selbst. In früheren geologischen Epochen war der CO_2-Gehalt um ein Vielfaches höher als heute – und dennoch florierte das Leben. CO_2 ist eben kein Schadstoff, sondern ein lebensnotwendiger Bestandteil der Photosynthese.

Ohne CO_2 kein Pflanzenwachstum, keine Landwirtschaft, kein Leben. Und doch wurde dieses Gas zum Feindbild schlechthin stilisiert – mit fatalen Folgen.

Hier beginnt der eigentliche Schwindel: Nicht im wissenschaftlichen Diskurs an sich, sondern in dessen Instrumentalisierung. Die selektive Auswahl von Studien, die einseitige Darstellung in Medien, die Förderung nur konformer Forschung – all das hat ein verzerrtes Bild geschaffen. Ein Bild, das nicht auf Erkenntnis, sondern auf politischer Agenda basiert.

Denn mit dem menschengemachten Klimawandel lassen sich nahezu alle gesellschaftlichen Umwälzungen begründen: Steuererhöhungen, Mobilitätsverbote, Energiepolitik, Ernährungsvorgaben, digitale Überwachung, Eigentumsbeschränkungen. Der Klimawandel ist zum politischen Joker geworden – wer ihn ausspielt, gewinnt jede Debatte. Und wer ihn in Frage stellt, verliert jede Karrierechance.

Die Parallelen zur Corona-Politik sind offensichtlich. Auch dort war es eine angeblich alternativlose Wissenschaft, die als Rechtfertigung für Grundrechtseingriffe diente. Auch dort wurde Kritik moralisch diffamiert, nicht argumentativ entkräftet. Und auch dort zeigte sich: Je größer die Angst, desto bereitwilliger die Bevölkerung.

Der Klimaschwindel besteht also nicht im Umstand, dass es einen Wandel gibt – sondern darin, dass dieser Wandel als Allzweckwaffe zur Steuerung der Gesellschaft missbraucht wird. I

n einer Welt, die längst nicht mehr von Fakten, sondern von Narrativen regiert wird, ist das Klima zum perfekten

Mythos geworden: unsichtbar, komplex, aber angeblich genau berechenbar – und moralisch unangreifbar.

Doch die Wahrheit lässt sich auf Dauer nicht unterdrücken. Immer mehr Wissenschaftler melden sich zu Wort, immer mehr Menschen hinterfragen die einfachen Erzählungen. Die Unzufriedenheit wächst – nicht nur über hohe Energiekosten oder die Zerstörung ländlicher Räume durch Windkraft- und Solaranlegen, sondern über das Gefühl, getäuscht und betrogen zu werden.

Es ist dieses Gefühl, das der politischen Klasse gefährlich wird. Denn eine Bevölkerung, die sich belogen fühlt, ist unberechenbar – sie beginnt zu suchen, zu lesen, sich zu vernetzen.

Mit meinem Titel „Menschengemachter Klimawandel ist menschengemachter Klimaschwindel" möchte ich einen Aufruf zur Aufklärung erstellen. Nicht zur Ablehnung wissenschaftlicher Erkenntnis – aber zur Trennung von Wissenschaft und Ideologie.

Nicht zur Verleugnung des Wandels – aber zur Ehrlichkeit über seine Ursachen und Dimensionen. Nicht zur Passivität – sondern zur aktiven Einmischung.

Menschengemachter Klimawandel? Faktisch eher nein, bzw. wenn dann komplett zu vernachlässigen. Alle wirklichen Fakten sprechen dagegen.

Aber mit Sicherheit menschengemachter Klimaschwindel –
und zwar dort, wo wissenschaftliche Komplexität auf
billige, aggressiv ideologische Verwertungslogik trifft.

Dort, wo aus Daten Schlagzeilen, aus Modellen Gesetze
und aus Szenarien Panik gemacht wird.

Es liegt an uns, diese Mechanismen zu erkennen. Und
ihnen zu begegnen – mit Mut, mit Wissen, mit einer
unbestechlichen Liebe zur Wahrheit.

Nur so lässt sich die Freiheit retten. Und mit ihr: die Würde
des Menschen.

Kapitel 18

Beispiele für unsinnige alternative erneuerbare Energiequellen

Wenn von der „Energiewende" die Rede ist, schwingt in dieser Vokabel meist ein positiver Unterton mit – Fortschritt, Umweltbewusstsein, Nachhaltigkeit. Doch hinter dieser wohlklingenden Rhetorik verbirgt sich eine politische Strategie, die in ihrer praktischen Umsetzung häufig ökologisch widersprüchlich, ökonomisch ruinös und technologisch naiv ist.

Das Dogma der Erneuerbaren – allen voran Wind- und Solarenergie – hat sich tief in das kollektive Bewusstsein eingebrannt. Dabei sind die sogenannten alternativen, erneuerbaren Energiequellen eine weitere ideologisch unterfütterte Lüge.

Und es lohnt sich, einen nüchternen Blick auf die tatsächlichen Folgen und Widersprüche dieser sogenannten Alternativen zu werfen.

Beginnen wir mit der Windenergie. Windkraftanlagen gelten als Symbol des grünen Fortschritts – hoch aufragend, sauber, emissionsfrei. Doch der Schein trügt. Der Bau eines einzigen Windrades verschlingt immense Mengen an Ressourcen: Tausende Tonnen Stahl, Beton, seltene Erden für die Generatoren.

Allein das Fundament eines modernen Onshore-Windrads besteht aus bis zu 4.000 Tonnen Stahlbeton, der tief ins Erdreich gegossen wird – auf Jahrzehnte hinaus nicht mehr rückbaubar. Wird ein Windrad stillgelegt, bleibt der Betonklotz im Boden – eine ökologische Altlast Katastrophe.

Die Herstellung der Rotorblätter erfordert Kunststoffe, Harze und Verbundstoffe, die schwer zu recyceln sind. Weltweit häufen sich inzwischen die Deponien, auf denen ausrangierte Rotorblätter entsorgt werden – ein wachsendes Umweltproblem, das sich nicht mehr schönreden lässt.

Auch die ökologischen Folgen für Tiere und Landschaft sind dramatisch. Vögel und Fledermäuse sterben in riesengroßer Zahl durch die Rotoren – teils auch stark bedrohte Arten. Studien belegen, dass ganze Populationen durch Windparks massiv dezimiert werden.

Der Infraschall, den Windräder aussenden, wirkt sich nachweislich negativ auf Tiere und sogar Menschen aus – mit Beschwerden wie Schlafstörungen, Kopfschmerzen und psychischen Belastungen.

Die Lebensqualität in der Umgebung solcher Anlagen sinkt erheblich, der Immobilienwert gleich mit.

Landwirtschaftliche Flächen werden versiegelt, Wälder gerodet, ländliche Regionen industrialisiert. Was einst als Naherholungsgebiet diente, verwandelt sich in öde Technikzonen – mit Wartungsstraßen, Zäunen, Lärm und Schattenwurf.

Die grüne Utopie fordert ihren bitteren, verheerenden Preis – vor allem dort, wo die Menschen sich am wenigsten dagegen wehren können.

Ein ähnliches Bild zeigt sich bei der Solarenergie. Photovoltaikanlagen gelten als Hoffnungsträger der Energiewende. Doch auch hier klaffen Anspruch und Wirklichkeit auseinander. Die Herstellung von Solarmodulen ist ein energieintensiver Prozess – oft in Ländern mit niedrigen Umweltstandards und hohen Emissionen.

Der Großteil der weltweit verbauten Module stammt aus China – produziert mit Kohleenergie, unter dort sehr fragwürdigen Arbeitsbedingungen.

Die Module enthalten giftige Substanzen wie Cadmium, Blei oder Fluoride. Ihre Entsorgung ist teuer und kompliziert, das Recycling noch immer unzureichend. Auch hier drohen in Zukunft enorme Umweltlasten – vor allem dann, wenn hunderttausende Anlagen nach 20 oder 25 Jahren ausgedient haben.

Dazu kommt die Flächenproblematik. Um einen nennenswerten Beitrag zur Stromversorgung zu leisten, braucht es riesige Solarparks – meist auf fruchtbarem Ackerland oder in sensiblen Naturräumen. Die Versiegelung dieser Flächen steht im krassen Gegensatz zum Ziel des Bodenschutzes.

Auch die kleineren Anlagen auf Hausdächern liefern keinen konstanten Strom – sie produzieren tagsüber Überschuss und nachts gar nichts. Die Folge: Netze müssen aufwendig stabilisiert, Speicher installiert und Rückfallebenen geschaffen werden – mit enormen Kosten.

Diese Schwankungen – sowohl bei Wind als auch bei Sonne – sind das zentrale Problem: Die sogenannte Dunkelflaute, in der weder Wind weht noch Sonne scheint, kann mehrere Tage andauern. In dieser Zeit bricht die Versorgung zusammen, wenn keine verlässlichen Backups vorhanden sind. Gaskraftwerke, Kohle oder Kernenergie müssen dann einspringen – was die schöne Rechnung der "100 % erneuerbaren Energien" ad absurdum führt.

In den letzten Jahren kam es in Europa immer wieder zu Beinahe-Blackouts. Besonders betroffen waren aktuell 2025 Frankreich, Spanien und Portugal – Länder mit hohem

Anteil an erneuerbaren Energien. Schon kleinste Netzschwankungen können Dominoeffekte auslösen.

Die Folgen wären katastrophal: Zusammenbruch der Infrastruktur, Ausfälle in Krankenhäusern, Stillstand in der Industrie. Das Risiko wird kleingeredet – aber es ist real und brandgefährlich.

Vor diesem Hintergrund stellt sich die Frage: Warum wurde die moderne Kernenergie so systematisch diffamiert? Neue Reaktortypen arbeiten sicherer, effizienter und emissionsfrei. Länder wie Frankreich, Finnland, China oder Südkorea bauen neue Atomkraftwerke in rauen Mengen – nicht aus Nostalgie, sondern aus Rationalität und Effektivität.

Die Sicherheitsstandards heutiger Anlagen sind extrem hoch, die Laufzeiten wirtschaftlich tragfähig, der Flächenverbrauch gering.

Ein moderner Reaktor produziert konstant Energie – unabhängig von Wetter, Tageszeit oder politischer Stimmung. Er ist kein Allheilmittel, aber ein verlässlicher Teil eines ausgewogenen Energiemixes.

Und doch wird Atomkraft in Deutschland ideologisch verteufelt – auf Druck grüner und linker Bewegungen, flankiert von Medien und NGOs, die sich längst vom wissenschaftlichen Diskurs entfernt haben.

Wer die Energiewende ernst meint, muss ideologiefrei diskutieren. Er muss Kosten und Nutzen abwägen,

Umweltfolgen ehrlich benennen und Technologien nach Effizienz, nicht nach PR-Wirkung bewerten.

Stattdessen erleben wir eine Politik, die Milliarden verschleudert, Landschaften zerstört, Existenzen ruiniert – und am Ende weder das Klima schützt, was es ohnehin nicht kann, noch Versorgungssicherheit garantiert. Der so wichtige Strom wird für die Menschen immer weniger bezahlbar.

Die sogenannten alternativen Energien sind keine Alternative, sondern eine Sackgasse. Sie basieren auf ideologischem Unsinn, auf Wunschdenken, auf Subventionen, auf Angst. Sie sind das Produkt einer Agenda, die weniger dem Menschen als einem ideologischen Weltbild dient – getragen von Profiteuren, die sich hinter grünen Etiketten verstecken.

Sichere Atomkraft ist kein Plädoyer für Rückschritt. Es ist vielmehr ein Plädoyer für Vernunft. Für Ehrlichkeit. Für eine Energiepolitik, die den Menschen dient – nicht der Ideologie.

Denn eines steht fest: Wenn wir nicht umdenken, wird aus der Energiewende ein Energieende. Und das kann sich keine Gesellschaft leisten – ökologisch nicht, wirtschaftlich nicht, sozial schon gar nicht.

Kapitel 19

Widerstand wächst – Wissenschaftler, Aktivisten, Aufklärer

So einseitig, so laut und überwältigend die Deutungshoheit der offiziellen Klimapolitik und ihrer medialen Begleitmusik auch erscheinen mag – der Eindruck täuscht.

Denn unter der Oberfläche der veröffentlichten Meinung regt sich Widerstand. Still, vielfach ignoriert oder diffamiert, aber unübersehbar: Wissenschaftler, Journalisten, Intellektuelle, Unternehmer und ganz normale Bürger beginnen, unbequeme Fragen zu stellen. S

ie hinterfragen Narrative, analysieren Daten, entlarven Widersprüche – und riskieren dabei nicht selten ihre berufliche Existenz und ihr gesellschaftliches Ansehen.

Dieser Widerstand kommt aus unterschiedlichen Richtungen – und genau das macht ihn so wertvoll. Da sind

Wissenschaftler, die die Komplexität des Klimas betonen, die auf natürliche Einflussfaktoren hinweisen, die die Aussagekraft der gängigen Klimamodelle infrage stellen. Menschen wie Judith Curry, John Christy, Richard Lindzen oder in Deutschland Fritz Vahrenholt – Namen, die in der breiten Öffentlichkeit kaum vorkommen, obwohl sie fundierte, peer-reviewte Forschung betreiben.

Ihre Mahnungen richten sich nicht gegen Umweltverantwortung – sondern gegen ideologische Verengung und politische Vereinnahmung.

Es ist bezeichnend, dass viele dieser Experten nicht mehr an öffentlich finanzierten Universitäten tätig sind, sondern in der Privatwirtschaft, in unabhängigen Forschungsinstituten oder im Ruhestand.

Der wissenschaftliche Betrieb hat sich weitgehend angepasst – an politische Vorgaben, an Fördermittelgeber, an gesellschaftliche Erwartungen. Wer heute eine Professur anstrebt, tut gut daran, sich dem grünen Konsens anzuschließen. Wer ihn in Frage stellt, gilt als Störfaktor – und wird oft systematisch an den Rand gedrängt.

Auch aus der journalistischen Ecke melden sich kritische Stimmen. Autoren und Publizisten wie Dirk Maxeiner, Roland Tichy, Henryk M. Broder oder Gunnar Kaiser hinterfragen die moralischen und politischen Prämissen des Klimadiskurses.

Sie beleuchten die wirtschaftlichen Interessen, die medialen Verzerrungen und die psychologischen Effekte der Dauerpanik. Sie tun, was Journalismus eigentlich tun sollte: Sie graben, wo andere schweigen. In einer Zeit, in der Journalismus oft zu Meinungsmache verkommt, ist dieser kritische Blick wichtiger denn je.

Doch dieser Blick wird teuer erkauft. Viele dieser Journalisten verlieren ihre Plattformen, werden von Förderungen ausgeschlossen oder erleben Shitstorms, die ihre berufliche und persönliche Existenz gefährden.

In sozialen Netzwerken wird gezielt gegen sie Stimmung gemacht, Artikel werden gelöscht, Videos demonetarisiert oder gesperrt. Die großen Plattformen agieren dabei wie private Zensurbehörden – oft im Schulterschluss mit staatlichen Stellen und NGOs.

Der vielleicht stärkste Widerstand aber kommt von den Bürgern selbst – von Menschen, die sich in Bürgerinitiativen zusammenschließen, die gegen Windkraftanlagen vor ihrer Haustür protestieren, die sich gegen Zwangssanierungen oder Heizungsverbote wehren. Genau das ist gut und sehr wichtig.

Aber diese Menschen werden schnell als „NIMBYs" (Not In My Backyard) abgewertet, doch in Wahrheit stehen sie für das, was Demokratie ausmacht: die Verteidigung des Lebensraums, des Eigentums, der Selbstbestimmung gegen staatliche Übergriffigkeit. Sie sind keine Klimaleugner – sie sind Freiheitsverteidiger.

Die Proteste gegen den Heizungshammer in Deutschland, gegen die Vernichtung ganzer Landstriche für Windkraft und gegen die ökonomische Selbstaufgabe durch CO_2-Bepreisung sind Ausdruck eines wachsenden Unmuts. Da kann es gar nicht genug Proteste und Gegenwehr geben.

Die Menschen spüren intuitiv, dass hier etwas aus dem Ruder läuft – dass Maßnahmen nicht mehr dem Menschen dienen, sondern einer abstrakten Ideologie.

Ein weiteres Element des wachsenden Widerstands sind die zahlreichen alternativen Medienplattformen, Blogs und YouTube-Kanäle, die fundierte Kritik bieten, wissenschaftliche Gegenstimmen hörbar machen und Debatten zulassen, die im Mainstream nicht mehr stattfinden.

Auch wenn sie oft als „rechts", „verschwörerisch" oder „populistisch" diffamiert werden – sie erfüllen eine sehr wichtige Funktion: Sie halten den Diskurs offen. Sie zeigen, dass es Alternativen gibt, dass die Wahrheit nicht alternativlos ist.

Diese digitalen Räume sind heute das, was mal ganz früher Universitäten und Feuilletons waren: Orte der freien Debatte. Sie bieten Interviews mit kritischen Wissenschaftlern, Analysen jenseits der Schlagzeilen, fundierte Gegenargumente.

Sie sind eine neue Art von Aufklärung – eine, die nicht staatlich gefördert, sondern aus der Notwendigkeit geboren wird. Viele dieser Projekte finanzieren sich über Spenden oder ehrenamtliche Arbeit – ein Beweis für die Kraft der Überzeugung.

Und nicht zuletzt muss der Mut genannt werden, mit dem Einzelne gegen den Strom schwimmen. Lehrer, die sich gegen einseitige Schulmaterialien wehren. Unternehmer, die sich nicht zu ESG-Vorgaben beugen.

Künstler, die sich trauen, andere Geschichten zu erzählen. Eltern, die ihren Kindern beibringen, selbst zu denken.

Jeder einzelne, der den Mut hat, laut zu sagen, was viele denken, trägt dazu bei, das Klima des Schweigens zu durchbrechen.

Natürlich: Der Preis für diesen Widerstand ist hoch. Wer sich gegen den Konsens stellt, verliert Jobs, Förderungen, Freunde, manchmal sogar die Familie. Der mediale Druck ist enorm, der soziale ebenso.

Doch die Geschichte zeigt: Ohne Dissens gibt es keinen Fortschritt. Ohne Widerspruch keine Wahrheit. Ohne Mut keine Freiheit.

Dieser Widerstand ist kein Aufruf zur Ablehnung aller Veränderungen. Er ist ein Aufruf zur Rückkehr zu demokratischen Grundwerten. Zu Ehrlichkeit, Offenheit, Streitkultur. Er ist kein Nein zum Klimaschutz – sondern ein Nein zur Vereinnahmung des Klimas durch ideologische Kräfte.

Er ist ein Ja zur Vielfalt der Meinungen, zur Freiheit des Denkens, zur Würde des Einzelnen.

Dieses Kapitel will nicht nur die Kritiker ehren – es will Mut machen. Mut, selbst kritisch zu denken. Mut, sich mit Fakten zu beschäftigen, statt nur mit Schlagzeilen. Mut, die eigenen Ängste zu hinterfragen. Und Mut, dem inneren Kompass zu vertrauen, auch wenn der Rest der Welt eine andere Richtung vorgibt.

Widerstand bedeutet nicht immer Revolution. Oft beginnt er mit einem einfachen Satz: „Ich sehe das anders." Oder: „Ich mache da nicht mit"

Und vielleicht ist genau das der Anfang einer neuen Aufklärung – einer, die nicht gegen die Umwelt ist, sondern für die Wahrheit. Nicht gegen den Fortschritt, sondern für den Menschen. Nicht gegen die Wissenschaft, sondern für ihren ursprünglichen Geist: den freien, offenen, ehrlichen Diskurs.

Kapitel 20

Was wirklich unsere Umwelt zerstört (und wer davon profitiert)

Inmitten der täglichen Beschwörungen von Klimakatastrophen, CO_2-Panik und nachhaltiger Transformation wird eine unbequeme Wahrheit systematisch verdrängt:

Die gravierendsten Schäden an unserer Umwelt entstehen nicht durch das Auto des Bürgers, die Kuh auf der Weide oder den Grill im Garten – sondern durch industrielle Großprojekte, durch Rohstoffkonzerne, durch globale Lieferketten und durch jene Akteure, die sich nach außen als Vorreiter des Umweltschutzes inszenieren.

Es sind nicht die kleinen Leute, die unsere Lebensgrundlagen zerstören. Es sind dieselben Eliten, die gleichzeitig die grüne Agenda vorantreiben – mit milliardenschweren PR-Kampagnen, politischen Seilschaften und einem ökonomischen Interesse, das in jedem Windrad und in jedem Solarpanel einen Markt sieht.

Beginnen wir mit der Rohstoffgewinnung – ein Thema, das in der Klimadebatte erschreckend unterbelichtet ist. Für Windräder, Solarmodule, E-Auto-Batterien und digitale Steuerungssysteme braucht es riesige Mengen an seltenen Erden, Lithium, Kobalt und anderen Metallen.

Diese Stoffe werden größtenteils unter katastrophalen Bedingungen gewonnen – in Afrika, Asien, Südamerika. Kinderarbeit, Umweltvergiftung, Vertreibung ganzer Dorfgemeinschaften sind an der Tagesordnung. Der Abbau zerstört Landschaften, vergiftet Flüsse, vergast Böden. Ganze Regionen veröden – damit Europa sich ein grünes Gewissen machen kann.

Die globalen Lieferketten, auf denen unsere „nachhaltigen Produkte" zu uns gelangen, stützen sich auf Schweröl-Schifffahrt, auf energieintensive Produktion und auf fragwürdige Arbeitsverhältnisse.

Die angeblich so umweltfreundlichen Technologien hinterlassen bereits bei ihrer Herstellung gigantische CO_2-Fußabdrücke – nur werden diese elegant ausgeblendet, weil sie im Ausland entstehen. Der ökologische Rucksack unserer neuen Weltretter-Technologien ist riesig – aber gut versteckt.

Ein zweiter, häufig unterschätzter Umweltkiller ist die Agrarindustrie. Unter dem Deckmantel effizienter Welternährung werden Monokulturen durchgesetzt, Böden ausgelaugt, Pestizide in die Umwelt geschleust.

Die Artenvielfalt schwindet, das Grundwasser wird belastet. Und wer steckt hinter dieser Entwicklung? Es sind nicht die kleinen Bauern – es sind globale Konzerne wie Bayer/Monsanto, Cargill, Syngenta.

Dieselben Firmen, die heute auf „nachhaltige Landwirtschaft" machen, waren es, die in den letzten Jahrzehnten unzählige Ökosysteme ruiniert haben. Heute verkaufen sie grüne Etiketten – aber der Inhalt bleibt derselbe: maximaler Profit.

Auch der Ausbau von Infrastruktur im Namen der grünen Transformation hat enorme Folgen. Wälder werden gerodet für Windparks und Hochspannungsleitungen. Moore werden trockengelegt für Solarfarmen. Flüsse werden kanalisiert für Wasserkraft.

Und die Zersiedelung durch neue Gewerbegebiete, Ladeparks und Logistikzentren nimmt dramatisch zu. Der Mensch verliert den Zugang zur Natur – ersetzt durch Techniklandschaften, in denen kein Tier mehr lebt und kein Boden mehr atmen kann.

Hinzu kommt der digitale Umbau unserer Gesellschaft – als Teil der grünen Wende. Smart Cities, 5G-Netze, Rechenzentren: All das frisst Strom, Ressourcen, Fläche.

Allein die weltweiten Rechenzentren verursachen heute mehr CO_2 als der gesamte Flugverkehr. Und dennoch wird Digitalisierung als umweltfreundlich verkauft – eine der großen Illusionen unserer Zeit.

Besonders perfide ist, wie diese Entwicklungen verkauft werden. Die größten Umweltzerstörer kleiden sich heute in das Gewand der Nachhaltigkeit. Ölkonzerne werben mit grünen Logos, Banken mit ESG-Investments, Tech-Giganten mit CO_2-neutralen Rechenzentren.

Eine gigantische Greenwashing-Industrie sorgt dafür, dass der Schein gewahrt bleibt – während im Hintergrund mit derselben Zerstörungslogik weitergearbeitet wird wie seit Jahrzehnten. Der Profit fließt, der Schaden bleibt.

Und wer profitiert davon? Die Antwort ist einfach: Dieselben Eliten, die die Erzählung vom menschengemachten Weltuntergang dominieren. Diejenigen, die politische Entscheidungen lenken, Forschungsförderung vergeben, Medienstrategien finanzieren. Große Investmentfirmen wie BlackRock und Vanguard pumpen Milliarden in "nachhaltige" Projekte – nicht aus Altruismus, sondern weil sie den neuen Markt der Angst erkannt haben. NGOs dienen dabei oft als trojanische Pferde – sie legitimieren Maßnahmen, die letztlich den Interessen jener Konzerne dienen, gegen die sie angeblich kämpfen.

Dieses Kapitel soll eines deutlich machen: Umweltschutz ist ein legitimes Anliegen. Doch echter Schutz erfordert

Ehrlichkeit. Und die beginnt mit der Frage: Wer zerstört was – und warum? Die Antwort liegt nicht bei den Bürgern, nicht bei den Handwerkern oder Bauern, sondern bei den globalen Akteuren, die unter dem Banner der Nachhaltigkeit eine neue Form von Kolonialismus betreiben – wirtschaftlich, technologisch, ideologisch.

Was wirklich unsere Umwelt zerstört, sind nicht Motoren oder Heizungen. Es ist eine Ideologie, die sich über Menschen, über Regionen, über Traditionen hinwegsetzt.

Eine Ideologie, die vorgibt, zu retten – aber zerstört. Eine Ideologie, die vorgibt, zu schützen – aber plündert. Und eine Ideologie, die vorgibt, moralisch zu sein – aber in Wahrheit nur eines sucht: Macht.

Es ist an der Zeit, dieses Spiel zu durchschauen. Und aufzuhören, es mitzuspielen. Denn wer die Umwelt wirklich schützen will, muss dort ansetzen, wo die Zerstörung beginnt: bei den Strukturen, bei den Profiteuren, bei den Lügen.

Kapitel 21

Zwischen Aufbruch und Abgrund – Die Zukunft der Freiheit

Was ist die Freiheit heute noch wert? Eine einfache Frage – und doch stellt sie uns vor ein Dilemma. Denn je mehr im Namen des Klimas, der Gesundheit oder der globalen Gerechtigkeit reguliert, kontrolliert und normiert wird, desto weniger bleibt vom innersten Kern freiheitlicher Gesellschaften übrig.

Was bleibt vom freien Willen, wenn jedes Verhalten moralisch vorbewertet, jede Handlung ökologisch berechnet, jeder Lebensentwurf in ein Raster gepresst wird?

Was bleibt vom Individuum, wenn es nicht mehr selbst entscheiden darf, sondern sich permanent vor der Gesellschaft rechtfertigen muss?

Die Klimapolitik hat sich zu einem ideologischen System entwickelt, das tief in unser Denken, Fühlen und Handeln eingreift. Sie ist nicht nur ein politisches Projekt, sie ist eine neue Moralordnung geworden.

Aber Klimapolitik ist ja schon als Begriff irreführend. Denn das Klima benötigt keine Politik. Klima ist da, ist seit Millionen Jahren im Wandel, mit oder ohne den Menschen. Umweltpolitik ist dagegen etwas, was durchaus seine Berechtigung hat.

Denn unsere Umwelt zu schützen, ist ein durchaus wichtiges Anliegen, welches hier und da, ein paar diskutable, politische Entscheidungen gebrauchen kann.

Diese aber dann durch einen offenen Diskurs und unter Einbeziehung der Menschen und ihren Grundrechten und Bedürfnissen.

Wer heute gegen bestimmte Maßnahmen ist, wird nicht mehr als politischer Gegner betrachtet, sondern als moralisch fragwürdiger Mensch. Die Debatte ist nicht mehr sachlich, sie ist emotionalisiert. Und sie ist asymmetrisch: Der eine darf moralisieren, der andere darf nur noch zustimmen – oder schweigen.

Diese Dynamik ist gefährlich. Denn sie öffnet Tür und Tor für autoritäre Mechanismen. Was mit Klimazielen beginnt, endet schnell in digitalen Überwachungsmechanismen, in der Einschränkung von Mobilität, im Zugriff auf Eigentum, in der Umgestaltung des gesamten Alltags.

Und wer glaubt, das seien dystopische Übertreibungen, möge sich nur die Entwicklung der letzten Jahre anschauen – in der Pandemie, in der Energiekrise, in der Debatte um Ernährung, Reisen oder Wohnen. Der Weg in die digitale Erfassung, Bewertung und Kontrolle des Individuums ist nicht nur geebnet – er ist längst beschritten.

Das große Narrativ, das alles rechtfertigt, lautet: Es geht um das Überleben der Menschheit. Doch genau hier liegt die perfide Wendung: Wenn alles unter dem Vorbehalt der Rettung steht, kann alles erlaubt werden – solange es sich als Notwendigkeit tarnt.

Dann wird aus Klimaschutz ein Freibrief zur Entmündigung. Aus Nachhaltigkeit wird ein Dogma. Aus Verantwortung wird Zwang. Und aus der Zukunft eine Rechtfertigung für die Aufgabe der Gegenwart.

Dabei gäbe es andere Wege. Wege, die auf Kooperation statt Kontrolle setzen. Auf Bildung statt Indoktrination. Auf Innovation statt Verbote. Auf Vertrauen statt Überwachung. Doch diese Wege sind unbequem. Sie erfordern Geduld, Offenheit, Fehlertoleranz.

Sie lassen Raum für Meinungsvielfalt, für Experimente, für Irrwege. Genau deshalb aber sind sie demokratisch.

Die Freiheit stirbt nicht von heute auf morgen. Sie stirbt in kleinen Schritten. In wohlmeinenden Formulierungen. In Krisenerzählungen. In Regelungen, die als alternativlos verkauft werden. In Zustimmungen, die aus Angst gegeben werden. Sie stirbt in unserem Innersten – wenn wir aufhören, für sie einzustehen. Wenn wir anfangen, uns selbst zu zensieren. Wenn wir glauben, dass Widerstand zwecklos ist.

Doch das ist er nicht. Widerstand beginnt im Kopf. Im Gespräch. Im Zweifel. Im Nein zur scheinbar einzigen Wahrheit. Und im Ja zu einer offenen, freien, menschlichen Zukunft.

Dieses Kapitel will Mut machen – zum Zweifel, zur Diskussion, zur Entscheidung. Es will kein dystopisches Bild zeichnen, sondern zur Wachsamkeit aufrufen.

Denn die Freiheit hat nur dann eine Zukunft, wenn wir bereit sind, sie zu verteidigen – nicht mit Gewalt, sondern mit Worten, mit Gedanken, mit offenen Herzen und wachem Verstand.

Die Entscheidung, wie die Zukunft aussehen soll, liegt nicht bei Eliten, Kommissionen oder Algorithmen. Sie liegt bei uns. Jeden Tag. In jedem Gespräch. In jedem Akt des selbstständigen Denkens.

Zwischen Aufbruch und Abgrund steht eine Gesellschaft immer wieder. Und sie entscheidet – nicht durch Dekrete, sondern durch Haltung. Durch Menschen, die nicht nur an das glauben, was möglich ist, sondern auch an das, was richtig ist.

Vielleicht ist es an der Zeit, uns wieder daran zu erinnern.

Kapitel 22

Wege in die Freiheit – Bewusstwerden, Hinterfragen, Handeln

Am Ende all dieser Kapitel, nach all den Schichten aus Täuschung, Ideologie, wirtschaftlicher Ausbeutung und moralischem Erpressungspotenzial, drängt sich eine entscheidende Frage auf:

Was nun? Was kann der Einzelne tun, wenn er erkennt, dass das vermeintlich Gute, das als Rettung der Welt verkauft wird, in Wahrheit Teil eines gigantischen Kontrollapparats ist?

Gibt es überhaupt noch einen Weg zurück in eine freie, ehrliche und lebensbejahende Gesellschaft – oder haben wir diesen längst verlassen?

Mit diesem Kapitel möchte ich eine Einladung aussprechen. Es ist keine Utopie, kein Manifest, sondern ein realistischer, kritischer, menschlicher Versuch, Orientierung zu geben in einem System, das immer weniger Raum für Eigenverantwortung lässt.

Es ist ein Aufruf zum Bewusstwerden, zum radikalen Hinterfragen – und zum Handeln. Nicht aus Trotz, nicht aus Wut, sondern aus der tiefen Überzeugung, dass Freiheit nicht das Ergebnis eines politischen Geschenks ist, sondern einer persönlichen Entscheidung.

Bewusstwerden: Die erste Befreiung

Freiheit beginnt im Kopf. Und dort beginnt auch die Unterdrückung. Wer Tag für Tag dieselben Narrative konsumiert, dieselben Angstbilder sieht, dieselben Sprachcodes übernimmt, wird unweigerlich Teil eines Systems, das ihn formt.

Der erste Schritt zur Befreiung besteht daher in der Erkenntnis: Ich bin nicht die Meinung, die man mir eingeredet hat. Ich bin nicht verpflichtet, alles zu glauben, nur weil es im Fernsehen läuft. Und ich bin nicht unmoralisch, wenn ich Fragen stelle, wo andere nur Parolen rufen.

Bewusstwerden bedeutet, sich selbst zu hinterfragen – die eigenen Denkmuster, Informationsquellen, Gewohnheiten. Es bedeutet, wachsam zu sein gegenüber sprachlichen Manipulationen, gegenüber emotionaler Erpressung und gegenüber der Vorstellung, dass es nur eine Wahrheit geben darf.

Der Mensch, der sich seiner eigenen geistigen Autonomie bewusst wird, ist der Albtraum jedes autoritären Systems – und genau deshalb beginnt jede echte Veränderung bei diesem einen Schritt.

Wer sich seiner mentalen Autonomie bewusst wird, beginnt auch, sich zu entziehen – der Dauerbeschallung durch mediale Angst, der pausenlosen Überflutung durch Nachrichten, Bildern, Meinungen.

Es geht darum, wieder Klarheit zu finden. Einen inneren Raum zu schaffen, in dem Stille herrscht – damit das eigene Denken überhaupt möglich wird.

Hinterfragen: Der Weg zur Mündigkeit

Wer sich von der passiven Konsumhaltung löst, muss sich zwangsläufig mit den Strukturen auseinandersetzen, die ihn umgeben. Warum glauben wir, dass CO_2 der Feind ist, obwohl Pflanzen es zum Leben brauchen? Warum akzeptieren wir, dass Technologien zerstört werden, obwohl sie funktionierten – wie moderne Atomkraft?

Warum vertrauen wir internationalen Organisationen, deren wirtschaftliche Interessen offensichtlich sind?

Hinterfragen bedeutet nicht, alles abzulehnen. Es bedeutet, alles zu prüfen. Fakten zu suchen. Statistiken zu verstehen. Quellen zu vergleichen. Wissenschaft nicht als Dogma zu betrachten, sondern als offenes Feld des Streits und der Erkenntnis.

Es bedeutet, sich die intellektuelle Unabhängigkeit zurückzuerobern, die in der heutigen Zeit ein Akt des Widerstands ist.

Dieser Prozess ist unbequem. Denn er führt unweigerlich zu Einsichten, die den eigenen Komfort infrage stellen. Die zeigen, dass wir uns zu oft angepasst, geschwiegen, mitgemacht haben. Dass wir Verantwortung abgegeben haben – aus Angst, aus Bequemlichkeit oder weil wir uns ohnmächtig fühlten.

Doch genau hier beginnt echte Mündigkeit: Wenn man erkennt, dass der Preis der Bequemlichkeit die eigene Würde ist. Dass es nicht genügt, zu wissen – sondern dass dieses Wissen eine Haltung verlangt.

Eine Haltung, die sich nicht kaufen, nicht einschüchtern und nicht durch moralische Überlegenheit ersetzen lässt.

Handeln: Die Rückkehr zur Verantwortung

Nach dem Denken kommt das Tun. Und genau hier scheitert oft die Veränderung. Denn die Systeme, die uns beherrschen, beruhen auf Bequemlichkeit. Auf der Annahme, dass der Einzelne ohnehin nichts ändern kann. Dass man sich fügen muss. Dass Widerstand zwecklos ist. Doch das ist eine Lüge – vielleicht die größte von allen.

Handeln beginnt im Kleinen. Es bedeutet, unabhängige Medien zu unterstützen. Mit anderen Menschen zu sprechen. Kindern beizubringen, selbst zu denken. Im eigenen Beruf nicht jeden Unsinn mitzumachen. Sich zu vernetzen mit Menschen, die ähnlich denken. Politische Verantwortung zu übernehmen – durch Wahlen, durch lokale Initiativen, durch Präsenz.

Es bedeutet, nicht alles mitzumachen, was "nachhaltig" genannt wird. Nicht jede neue Technologie blind zu feiern. Nicht jeden Aufruf zur "Solidarität" sofort zu unterschreiben, wenn dahinter Kontrolle steht.

Es bedeutet, Nein zu sagen – und dieses Nein auch auszuhalten. Und manchmal bedeutet es auch: Ja zu sagen. Zu Familie. Zu Tradition. Zu gesundem Menschenverstand. Zu einer Lebensweise, die nicht perfekt ist, aber ehrlich.

Das Handeln verlangt nicht das große, spektakuläre Aufbegehren. Es beginnt mit der kleinen Entscheidung, sich nicht zu beugen. Mit der Weigerung, sich zum Sprachrohr fremder Interessen machen zu lassen.

Mit dem Mut, gegen den Strom zu schwimmen – auch wenn der Gegenwind stark ist.

Der Mut zur Freiheit

Freiheit ist kein Ziel, sondern ein Zustand. Sie ist unbequem, sie ist anstrengend, sie ist unsicher. Aber sie ist das Einzige, was dem Menschen gerecht wird. Eine Gesellschaft, die sich in Klimaängsten verliert, in technokratischer Überwachung, in moralischer Selbstkasteiung – sie verliert sich selbst. Der Mensch wird zum Funktionär, zum CO_2-Punktesammler, zum Klimabefehlsempfänger.

Doch es gibt eine Alternative. Sie beginnt in jedem Einzelnen. In deinem Denken. In deiner Stimme. In deinem Mut.

Es ist der Mut, sich gegen ein System zu stellen, das behauptet, es gäbe keine Alternativen. Der Mut, das Menschliche über das Ideologische zu stellen. Der Mut, auch dann zu sprechen, wenn das Schweigen bequemer wäre.

Bewusstwerden. Hinterfragen. Handeln.

Das ist der Weg in die Freiheit. Und es ist ein Weg, den niemand für uns gehen kann – außer wir selbst. Jeder Schritt zählt. Jeder Gedanke zählt. Jeder Mensch zählt. Denn Freiheit ist kein Zustand, der uns gegeben wird – sie ist ein Prozess, den wir leben müssen.

Und sie beginnt genau jetzt.

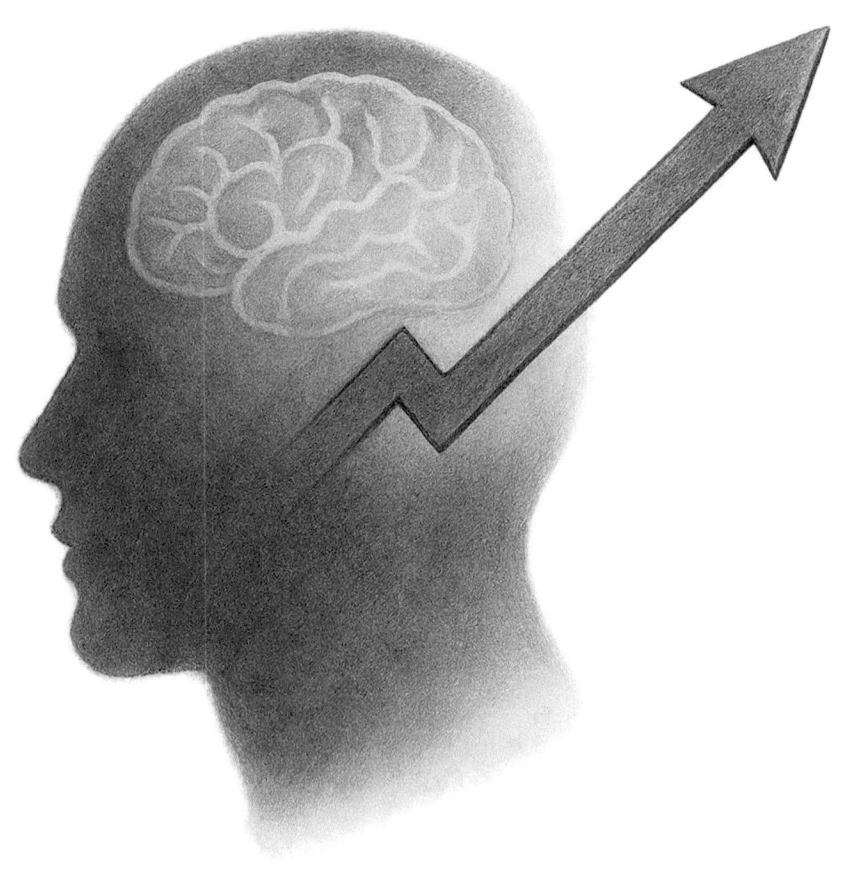

Kapitel 23

Ein neuer Weg für Mensch und Natur – ohne Ideologie

Wir haben in all den vorangegangenen Kapiteln gesehen, wie tiefgreifend sich eine politische Agenda unter dem Deckmantel des Umweltschutzes in alle Lebensbereiche gefressen hat – in unseren Alltag, unsere Sprache, unsere Gesetze, unser Denken.

Doch mit jeder aufgedeckten Lüge, mit jedem benannten Widerspruch wächst auch etwas anderes: die Sehnsucht nach einem echten Weg.

Einem Weg, der nicht über Ideologie führt, nicht über Angst, Kontrolle und Manipulation, sondern über Wahrheit, Verantwortung und die tiefe Verbindung zwischen Mensch und Natur.

Dieses Kapitel will keine Rezepte liefern. Es will Perspektiven eröffnen. Es will den Blick weiten, jenseits des CO_2-Narrativs, jenseits technokratischer Modelle, jenseits politischer Planspiele.

Denn die zentrale Frage unserer Zeit ist nicht, wie viel CO_2 ein Mensch pro Jahr verbrauchen darf – sondern, wie wir als Menschen wieder in ein gesundes Verhältnis zu unserer natürlichen Mitwelt finden.

Ohne Bevormundung. Ohne ideologische Raster. Und ohne die ständige Erpressung durch ein diffuses Schuldgefühl.

Der Mensch als Teil, nicht als Gegner der Natur

Die vorherrschende Erzählung stellt den Menschen als Zerstörer der Erde dar – als Störfaktor im ökologischen Gleichgewicht, als Fehler im System. Diese Sichtweise ist nicht nur einseitig, sie ist gefährlich.

Denn sie entzieht dem Menschen jede Legitimation, überhaupt zu existieren. Der Mensch wird zum Problem erklärt – und das öffnet Tür und Tor für jede Form der Kontrolle, der Reduktion, der Regulierung.

Doch der Mensch ist nicht nur Täter. Er ist auch Schützer, Gestalter, Bewahrer. Über Jahrtausende hat er gelernt, mit der Natur zu leben, ihre Rhythmen zu verstehen, ihre Kräfte zu nutzen, ohne sie zu zerstören.

Es gibt unzählige Beispiele für eine Landwirtschaft, die fruchtbar ist und gleichzeitig biodivers. Für eine Forstwirtschaft, die Holz gewinnt und dennoch Wälder bewahrt. Für Technologien, die helfen, ohne auszubeuten.

Was uns fehlt, ist nicht die Fähigkeit zur Nachhaltigkeit. Was uns fehlt, ist der Wille zur Balance – und der Mut, uns von den radikalen Vereinfachungen der Klimaideologen zu befreien. Wir brauchen keine Null-Emissionen-Gesellschaft.

Wir brauchen eine Gesellschaft mit Sinn für Maß, für Verantwortung, für regionale Lösungen, für gesunden Menschenverstand.

Entideologisierung als Befreiung

Ideologie erkennt man daran, dass sie einfache Antworten auf komplexe Fragen gibt – und dass sie Kritik nicht duldet. Die Klimapolitik, wie wir sie heute erleben, ist eine solche Ideologie. Sie kennt nur eine Wahrheit: CO_2 ist böse. Sie kennt nur eine Richtung: Reduktion. Und sie kennt nur eine Moral: Wer nicht mitmacht, ist gegen das Leben.

Doch echte Lösungen entstehen nicht in dogmatischer Enge, sondern in freier Debatte. Sie entstehen, wenn viele Perspektiven zusammenkommen, wenn Wissen geteilt, wenn Fehler eingestanden, wenn Alternativen zugelassen werden.

Der erste Schritt zu einem neuen Weg ist daher die Entideologisierung des Umweltdiskurses. Wir müssen uns wieder trauen, Fragen zu stellen, ohne gleich als Leugner abgestempelt zu werden.

Wir müssen die Wissenschaft aus dem Würgegriff der Politik befreien. Wir müssen Bildung ermöglichen, die nicht indoktriniert, sondern informiert. Und wir müssen eine Sprache finden, die nicht Angst macht, sondern Verantwortung weckt.

Regionale Kreisläufe statt globale Kontrolle

Ein weiterer Schlüssel liegt in der Rückbesinnung auf das Nahe. Während die Globalisten eine weltweite Zentralsteuerung fordern – über CO_2-Zertifikate, digitale Identitäten und supranationale Gremien –, liegt die wirkliche Lösung oft direkt vor unserer Haustür. Regionale Landwirtschaft, lokale Energiekonzepte, dezentrale Wirtschaftskreisläufe:

All das sind Modelle, die nicht nur ökologisch sinnvoll, sondern auch resilient und sozial stabilisierend sind.

Ein Bauer, der seine Felder kennt, wird keine Monokultur betreiben. Eine Gemeinde, die ihren Strom lokal erzeugt, wird sorgsam damit umgehen. Eine Region, die für sich Verantwortung übernimmt, wird unabhängiger – von internationalen Spekulanten, von politischen Vorgaben, von ideologischen Zwängen.

Technologie mit Maß und Ziel

Technologie ist nicht der Feind. Aber sie ist auch nicht die Erlöserin. Der blinde Glaube an Digitalisierung, Automatisierung und Technologisierung ist ein Irrweg – genauso wie die totale Technikskepsis. Was wir brauchen, ist Technologie mit Maß und Ziel: Technik, die den Menschen dient und nicht über ihn herrscht. Technik, die den Boden schont, nicht versiegelt. Technik, die Arbeit erleichtert, nicht ersetzt. Technik, die ergänzt, nicht dominiert.

Dabei darf auch moderne Kernenergie kein Tabu sein – genauso wenig wie Wasserkraft, Biogas oder innovative Speicherlösungen. Entscheidend ist nicht die ideologische Farbe einer Technologie, sondern ihre tatsächliche Effizienz, ihre Umweltverträglichkeit, ihre soziale Verträglichkeit.

Die Rückkehr zur Ehrlichkeit

Am Ende braucht es einen tiefen kulturellen Wandel – weg vom politischen Aktivismus, hin zur persönlichen Verantwortung. Eine Kultur, in der Ehrlichkeit mehr zählt als Image. In der jemand sagen darf: „Ich weiß es nicht" – ohne dafür verurteilt zu werden. In der Fakten zählen, nicht Gesinnung. In der das Gute nicht verordnet, sondern gelebt wird.

Ein neuer Weg für Mensch und Natur bedeutet nicht: zurück in die Vergangenheit. Es bedeutet: nach vorn – aber aufrecht, mit klarem Blick, mit offenem Herzen. Es bedeutet: wieder Mensch sein dürfen, ohne sich dauernd für seine Existenz rechtfertigen zu müssen.

Wir brauchen keinen grünen Totalitarismus. Wir brauchen eine neue Aufklärung. Und die beginnt mit einem einfachen, aber mächtigen Satz: „Es geht auch anders."

Denn es geht wirklich anders.

Und der Weg dorthin beginnt – wie jeder echte Wandel – bei dir.

Kapitel 24

So können wir uns vielleicht doch noch retten

Nach all den Einsichten, nach der Kritik, den erschütternden Beispielen und den Mechanismen, die unser Denken, unser Handeln und unsere Gesellschaft zunehmend bestimmen, steht am Ende die Frage aller Fragen:

Können wir uns noch retten? Gibt es noch einen Ausweg aus dieser selbstgebauten Falle aus Ideologie, Schuld, Kontrolle und Fremdbestimmung? Und wenn ja – wie könnte dieser Weg aussehen?

Natürlich kann ich keine heiligen Rezepte verkünden oder Patentlösung bieten und keine Blaupause für die perfekte Welt liefern. Aber ich möchte gern aufzeigen, dass es trotz aller Umklammerung noch Spielräume gibt – Räume für einen echten Wandel. Und dass dieser Wandel natürlich niemals von oben kommen wird. Nicht von Regierungen, nicht von supranationalen Organisationen, nicht von Technokraten oder irgendwelchen Heilsbringern. Sondern von unten – vom Menschen. Von dir, von mir, von uns.

Der erste Schritt: Die Angst durch Klarheit ersetzen

Angst ist das zentrale Werkzeug der aktuellen Politik. Angst vor dem Klimakollaps, vor der Hitze, vor dem Meeresspiegel, vor dem Waldbrand. Doch diese Angst ist selten konkret. Sie ist diffus, allgegenwärtig, lähmend – und damit politisch bestens nutzbar.

Wer Angst hat, gehorcht. Wer Angst hat, stellt keine Fragen. Wer Angst hat, ruft nach Autorität.

Deshalb beginnt Rettung dort, wo Angst durch Klarheit ersetzt wird. Nicht durch Verdrängung, sondern durch Verstehen. Wer begreift, wie komplex das Klima ist, wie unterschiedlich die Modelle, wie vielfältig die Einflussfaktoren, wird ruhiger. Er wird weniger manipulierbar.

Er beginnt, sich zu lösen vom täglichen Trommelfeuer der Weltuntergangsszenarien – und beginnt wieder zu denken.

Der zweite Schritt: Die eigene Komfortzone verlassen

Es ist leicht, sich als Opfer zu fühlen. Der übergriffigen Politik ausgeliefert. Der Medienmacht hilflos gegenüber. Der globalen Agenda machtlos ausgeliefert. Doch dieses

Denken ist selbst ein Teil des Problems. Denn es führt in die Passivität. In den Rückzug. In die Ohnmacht.

Dabei liegt die größte Kraft gerade im Gegenteil: im bewussten Heraustreten aus der Komfortzone. Wer aufhört, alles kritiklos zu konsumieren, beginnt selbst zu gestalten. Wer beginnt, andere zu informieren, wird zum Multiplikator. Wer sich engagiert – ob im Verein, in der Gemeinde, in der Schule der Kinder –, verändert das Klima.

Nicht das der Atmosphäre, sondern das geistige Klima der Gesellschaft.

Der dritte Schritt: Gemeinschaft statt Vereinzelung

Die Spaltung der Gesellschaft war nie Zufall. Sie ist Mittel zum Zweck. Wer Menschen trennt, kann sie kontrollieren. Wer sie gegeneinander aufbringt – arm gegen reich, geimpft gegen ungeimpft, jung gegen alt, Klimaschützer gegen Klimasünder –, verhindert Solidarität. Verhindert Widerstand.

Deshalb ist jede Form von echter Gemeinschaft ein Akt der Selbstermächtigung. Familie, Freundschaft, Nachbarschaft – all das sind Bollwerke gegen die Zersetzung durch Angst und Misstrauen.

Wer mit anderen spricht, entdeckt, dass er nicht allein ist. Dass viele denken, was keiner mehr zu sagen wagt. Und dass daraus Kraft erwächst. Kraft, die neue Wege möglich macht.

Der vierte Schritt: Lokales Handeln, global denken

Die Globalisierung hat nicht nur unsere Märkte vernetzt, sondern auch unsere Abhängigkeiten geschaffen. Die Idee, dass alles zentral geregelt werden muss, ist ein Irrtum. Denn wahre Resilienz entsteht lokal.

In regionaler Energieversorgung. In unabhängiger Landwirtschaft. In Bildungseinrichtungen, die frei denken dürfen. In Unternehmen, die sich nicht dem ESG-Diktat unterwerfen, sondern Qualität, Handwerk und Verantwortung leben.

Wer wirklich nachhaltig handeln will, muss nicht auf grüne Zertifikate warten. Er muss sich frei machen vom Zertifikatsdenken. Er muss beginnen, selbst zu gestalten – in seiner Stadt, seinem Dorf, seinem Umfeld. Jeder kleine Impuls ist ein Anfang.

Der fünfte Schritt: Spiritualität, Haltung, Tiefe

Was uns fehlt, ist nicht nur politische Klarheit. Was uns fehlt, ist Tiefe. Eine Haltung, die über das Materielle hinausgeht. Eine neue Spiritualität – nicht im Sinne esoterischer Konzepte, sondern als Rückbindung an das Wesentliche. Wer weiß, wofür er lebt, lässt sich nicht so leicht verwirren. Wer eine innere Achse hat, braucht keine äußere Steuerung.

Diese Tiefe entsteht nicht über Nacht. Sie entsteht durch Reflexion, durch Stille, durch echte Begegnung. Sie ist die

Grundlage jeder inneren Freiheit – und damit der Nährboden für äußere Unabhängigkeit.

Eine Gesellschaft ohne Tiefe wird immer anfällig für Ersatzreligionen sein – und das ist die Klimaideologie letztlich: eine Ersatzreligion für eine entseelte Moderne.

Der sechste Schritt: Bildung neu denken

Die Schulen unserer Kinder werden heute mit „Nachhaltigkeits"-Agenden vollgepumpt – meist auf Kosten von Fachlichkeit, Differenzierung, kritischem Denken. Es reicht nicht, unseren Kindern das Rechnen beizubringen.

Wir müssen ihnen beibringen, selbst zu denken. Zu hinterfragen. Zu debattieren. Widerspruch auszuhalten. Und auch sich selbst zu hinterfragen.

Eine echte Bildungsrevolution beginnt mit Menschen, die Mut haben, den Lehrplan infrage zu stellen. Eltern, die sich einmischen. Lehrer, die nicht mitspielen. Schüler, die Fragen stellen. Denn ohne Bildung gibt es keine Mündigkeit – und ohne Mündigkeit keine Freiheit.

Der siebte Schritt: Schluss mit dem schlechten Gewissen

Einer der größten Erfolge der Klimaideologie ist die systematische Schuldzuweisung an den Einzelnen. Du fliegst? Du bist schuld. Du isst Fleisch? Du bist schuld. Du hast ein Haus? Du bist schuld. Diese Schuld lähmt. Sie zerstört Selbstvertrauen. Sie ersetzt Verantwortung durch Scham.

Doch die Wahrheit ist: Du bist nicht schuld. Du bist nicht der Zerstörer der Erde. Du bist Teil des Lebens. Du darfst leben. Du darfst genießen. Du darfst atmen, reisen, lieben, gestalten. Und du darfst dabei achtsam sein – nicht weil du musst, sondern weil du willst.

Sich retten bedeutet auch: sich befreien vom Zwang zur Selbstverleugnung. Wieder zu sich stehen. Wieder Ja sagen zum Leben – und Nein zu jeder Form von moralischer Erpressung.

Und was dann?

Dann beginnt eine neue Ära. Keine perfekte. Keine einfache. Aber eine, in der Menschsein wieder erlaubt ist. In der die Natur nicht bekämpft wird, sondern als Verbündete gesehen wird. In der der Mensch nicht reduziert wird – auf Emissionen, Verhaltenspunkte, Zertifikate –, sondern als Ganzes gewürdigt.

So können wir uns vielleicht doch noch retten.

Nicht, weil es garantiert ist. Sondern, weil wir es versuchen.

Weil wir es wert sind.

Ein letztes Wort, ein letzter Aufruf –

klar, unmissverständlich und notwendig:

Denn am Ende steht für uns alle nicht das Klima über allem – sondern der Mensch. Und mit ihm: die Freiheit.

Wir dürfen nicht länger zuschauen, wie sich eine Ideologie in unser Denken, unsere Gesetze und unseren Alltag frisst.

Wir dürfen nicht länger glauben, dass das einzig richtige Leben das klimaneutrale ist, dass Verantwortung mit Gehorsam beginnt oder moralische Überlegenheit die neue Demokratie ist.

Der Kampf gegen ein Unrechtssystem, das sich mit grünen Fahnen tarnt, beginnt nicht auf den Straßen, sondern in den Herzen.

Und er wächst mit jedem einzelnen Menschen, der sagt: "Ich mache da nicht mehr mit."

1. Sprecht eure Wahrheit aus. Überall. Im Alltag, am Arbeitsplatz, in der Schule eurer Kinder, am Esstisch. Brecht das Schweigen. Denn Schweigen macht Systeme stark. Worte hingegen machen frei.

2. Unterstützt andere, die den Mut haben, sich zu äußern. Steht zusammen. Solidarität unter Freigeistern ist die größte Waffe gegen jede Form von Herrschaft.

3. Verweigert Unterstützung für Institutionen, die euch kontrollieren, statt euch zu dienen. Wer sich ausbeuten lässt, nährt das System. Wer sich entzieht, schwächt es.

4. Leistet zivilen Ungehorsam – gewaltfrei, kreativ, mutig. Ein System, das sich auf blindes Mitmachen verlässt, fällt in dem Moment, in dem die Menschen einfach aufhören zu gehorchen.

Legalität ist völlig bedeutungslos, wenn das Gesetz nur noch als Werkzeug zur Kontrolle dient. Innerhalb der Regeln des Systems lässt sich das System nicht verändern – ganz gleich, wie oft es Wahlen veranstaltet oder Gerichtsverfahren ansetzt.

Wer aus Angst, als „Straftäter" zu gelten, jede Reibung und mögliche Ächtung vermeidet, macht sich – ob er will oder nicht – zum Mittäter eines großen Verbrechens. Das ist hart, aber leider wahr. Es geht nur mit Gegenwehr und Verweigerung.

Unser Maßstab ist nicht die Parteiraison, nicht der tagesaktuelle Erlass und schon gar nicht das politische Dogma – unser Maßstab ist das Grundgesetz, wie es gemeint war: als Schutzraum der Freiheit, als Garant der Menschenwürde, als Bollwerk gegen Übergriffigkeit und Machtmissbrauch.

Lasst uns dieses Grundgesetz wieder mit Leben füllen – durch unsere Haltung, unsere Sprache und unser Tun.

Der Weg zurück in die Freiheit ist nämlich noch möglich. Er beginnt mit einem einzigen mutigen Satz:

„Ich mache da nicht mehr mit.“

Noch einmal:

„Ich mache da nicht mehr mit.“

Und dieser Satz – so unscheinbar er auch vielleicht sein mag – er ist am Ende vielleicht das mächtigste Werkzeug, das wir haben.

Hören wir doch bitte einfach auf, blind zu gehorchen.

Werden wir endlich erwachsen und emanzipieren wir uns. Sagen wir NEIN !!

Sei auch Du jetzt mit dabei - für Dich, Deine Familie und alle dir liebgewonnenen Menschen an deiner Seite.

Für alle Menschen auf der Welt. Für die Wahrheit und für unser aller Freiheit.

**Das Geheimnis des Glücks
ist die Freiheit,
und das Geheimnis der Freiheit
ist der Mut**

Perikles

Weiter Publikationen von Jörns Bühner sind:

"Der Angriff auf unsere Zukunft"

Wie Ideologie, Medien und Macht
unsere Freiheit bedrohen

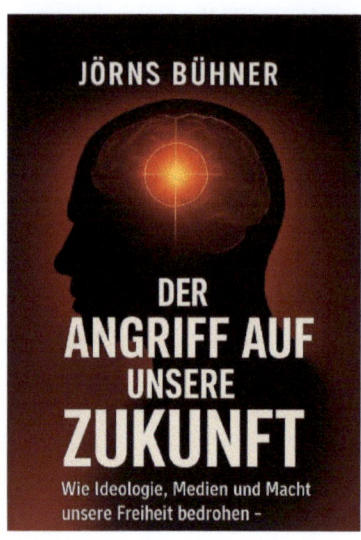

Wir leben in einer Zeit des Umbruchs. Eine Zeit, in der Wahrheit zur Meinung wird, Freiheit zur Floskel und Kontrolle zum Alltag. Was, wenn wir nicht mehr denken, sondern nur noch reagieren? Was, wenn unsere Kinder nicht mehr wachsen, sondern nur noch funktionieren sollen? Dieses Buch ist ein Weckruf. Es zeigt auf, wie Medien, Ideologien und mächtige Netzwerke gezielt unsere Denkweise beeinflussen - subtil, dauerhaft, tiefgreifend. Es geht um mehr als Politik. Es geht um unsere Würde. Unsere Werte. Unsere Zukunft. Dieses Buch ist nicht langatmig, sondern sehr ehrlich, prägnant, kurzweilig, klar und präzise auf den Punkt gebracht.

Überall im Handel erhältlich
166 Seiten
BoD Verlag
ISBN: 9783769351798
€ 22,70

Der Cholesterin-Schwindel

Wie Medikamente und Mythen
unsere Gesundheit gefährden

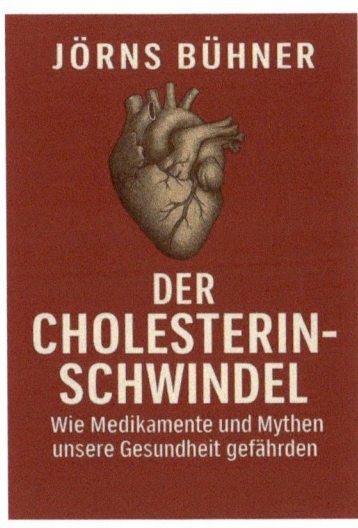

Was wäre, wenn alles, was Sie über Cholesterin zu wissen glauben – falsch ist? Tausende Menschen schlucken täglich Cholesterinsenker – oft ein Leben lang. Doch kaum jemand stellt die entscheidende Frage: Ist Cholesterin wirklich der Feind?

In *„Der Cholesterin-Schwindel"* deckt Jörns Bühner auf, wie ein medizinischer Irrglaube zum Geschäft mit der Angst wurde. Mit klarem Blick, fundierten Quellen und verständlicher Sprache zeigt er, warum Cholesterin lebenswichtig ist, wie Mythen über „gutes" und „schlechtes" Cholesterin entstanden – und wie stark wirtschaftliche Interessen unsere Gesundheitsentscheidungen beeinflussen.

Ab Juni 2025 erhältlich
228 Seiten
BoD
ISBN: 9783819265174
€ 22,70

Die Fiat Falle

Wie das Geldsystem die Welt versklavt und warum Bitcoin der einzige Ausweg ist

Die Fiat-Falle ist ein Blick hinter den Vorhang des globalen Geldsystems. Schonungslos, mutig, offen und befreiend mit Lösungsansätzen. Warum wird unser Geld jeden Tag weniger wert? Wer zieht im Hintergrund die Fäden? Warum kollabiert unser Geldsystem? Warum werden die meisten Menschen alles verlieren. Und warum wird gerade Bitcoin so heftig bekämpft? Die Fiat-Falle ist das Buch für alle, die aufwachen und hinsehen wollen. Und die wirklich bereit sind, selbst Verantwortung für ihre finanzielle Zukunft zu übernehmen.

Ab Juni 2025 erhältlich
168 Seiten
BoD
ISBN: 9783819229589
€ 22,70